图书馆读者服务与创新研究

石 晖 著

吉林摄影出版社
·长春·

图书在版编目（CIP）数据

图书馆读者服务与创新研究 / 石晖著. -- 长春：吉林摄影出版社，2023.12

ISBN 978-7-5498-6061-6

Ⅰ．①图… Ⅱ．①石… Ⅲ．①图书馆工作－读者服务－研究 Ⅳ．①G252

中国国家版本馆CIP数据核字（2023）第256221号

图书馆读者服务与创新研究
TUSHUGUAN DUZHE FUWU YU CHUANGXIN YANJIU

著　　者	石　晖
出 版 人	车　强
责任编辑	吴　晶
封面设计	文　亮
开　　本	787 毫米 ×1092 毫米　1/16
字　　数	220千字
印　　张	10.25
版　　次	2023年12月第1版
印　　次	2023年12月第1次印刷
出　　版	吉林摄影出版社
发　　行	吉林摄影出版社
地　　址	长春市净月高新技术开发区福祉大路5788号
	邮编：130118
网　　址	www.jlsycbs.net
电　　话	总编办：0431-81629821
	发行科：0431-81629829
印　　刷	河北创联印刷有限公司
书　　号	ISBN 978-7-5498-6061-6　　定　价：56.00元

版权所有　　侵权必究

前　言

在网络环境下，为了提高图书馆服务的质量，应该对各项工作有更为全面的了解，这样可以在现有的基础上对各项工作进行优化，并分析图书馆读者服务工作所面临的问题，确保可以制定针对性发展方案，不断对读者服务进行创新，借助网络环境带来的优势，使得各项工作得到更加有效的优化，为后续工作的顺利进行打下良好基础。但需要注意的是，在创新图书馆读者服务工作的过程中，涉及的内容相对较多，应该注重分析各项工作面临的问题，提高图书馆馆员的服务意识和提升馆藏资源建设的同时，创新服务体系，保证各项工作顺利进行。

笔者在撰写本书的过程中参考和借鉴了一些学者的研究成果，在此表示衷心的感谢。由于作者水平有限，书中难免有不足之处，恳请读者批评指正。

目　录

第一章　图书馆读者服务的理论基础 …………………………………… 1
第一节　图书馆服务理论 …………………………………………… 1
第二节　图书馆标准化理论 ………………………………………… 16
第三节　图书馆服务标准的理论框架 ……………………………… 21

第二章　图书馆服务体系 ………………………………………………… 26
第一节　图书馆的信息资源体系 …………………………………… 26
第二节　图书馆的信息服务体系 …………………………………… 32
第三节　图书馆的管理服务体系 …………………………………… 45

第三章　图书馆的服务管理 ……………………………………………… 60
第一节　图书馆服务"五原则" …………………………………… 60
第二节　图书馆读者服务提升 ……………………………………… 67
第三节　图书馆信息服务研究 ……………………………………… 73
第四节　图书馆服务问题探究 ……………………………………… 76
第五节　网络环境下图书馆服务模式演变 ………………………… 83
第六节　基于知识管理的图书馆创新服务 ………………………… 91

第四章　图书馆服务创新的必要性 ……………………………………… 97
第一节　服务创新是经济技术进步的需要 ………………………… 97
第二节　高校图书馆服务创新是教育事业发展的内在反映 ……… 104
第三节　服务创新是满足读者需求的当务之急 …………………… 111

第五章　互联网背景下高校图书馆服务内容创新 …… 117

第一节　互联网背景下大数据对图书馆的影响 …… 117
第二节　互联网背景下高校图书馆资源共享服务 …… 123
第三节　互联网背景下高校图书馆检索服务 …… 129
第四节　互联网背景下图书馆个性化信息服务 …… 136
第五节　互联网背景下高校图书馆嵌入式服务 …… 144
第六节　互联网背景下高校图书馆阅读推广 …… 149

参考文献 …… 155

第一章　图书馆读者服务的理论基础

第一节　图书馆服务理论

一、图书馆服务的内涵及特征

《中国大百科全书·图书馆学、情报学、档案学》对"图书馆服务"的描述是，"图书馆服务是图书馆利用馆藏和设施向读者提供文献和情报的一系列活动，有时也称图书馆读者工作"（中国大百科全书总委员会《本卷》委员会和中国大百科全书出版社，1993）。图书馆服务的延伸是"现代图书馆不仅通过阅览和外借的方法为读者提供印刷型书刊资料，而且还提供缩微复制、参考咨询、编译报道、情报检索、情报服务、定题情报检索，以及宣传文献情报知识的专题讲座和展览等服务"。《新编图书馆学情报学辞典》对图书馆服务的界定是："图书馆服务是为履行其职能，围绕文献与读者而开展的一系列工作，是图书馆活动的组成部分。特指组织读者利用图书馆资源的各种活动，包括读者服务、读者培训、读者研究及相关政策制度与组织管理等"。这些概念为我们指明了图书馆服务的活动类别。

1. 图书馆服务的内涵

在服务的内涵基础上，提出关于图书馆服务的内涵为：（1）图书馆服务是以图书馆用户为中心，以满足用户需求为目的的，服务的产生由需求开始，服务的存在是为了实现用户的需求；（2）图书馆服务提供者必须具有一定的能力，掌握一定的服务手段才能实现服务目标。服务提供者的能力既包括体力和智力上的能力，又包括服务的技能和所拥有的资源，服务提供者的服务手段包括必要的软硬件、操作流程、工具、服务设施和设备，这些主要以有形资源形式呈现；（3）服务的过程就是服务供需双方的接触过程，通过一系列服务活动来实现，其具有无形性的特征；（4）服务的结果是满足用户需求，通过服务过程实现服务结果，且这种结果通常也是无形的。

为了实现图书馆服务目标，图书馆服务必须包含的基本要素有：（1）图书馆用户，即服务需求者，他们产生和提出服务需求，既是服务流程的起点，又是服务流程的终点；（2）图书馆服务提供者，提供服务的个人或组织，以满足用户需求为服务宗旨；（3）图书馆服务能力，图书馆应具有提供服务所需的资源，并能够通过一定的流程或程序加以服务；（4）图书馆服务接触，是图书馆与用户之间为了实现服务需求的彼此交互过程，所以说图书馆服务具有服务的一切特征。

2. 图书馆服务的特征

（1）图书馆服务的无形性

与有形产品相比，无形性是服务的最大特点。服务是表现、行动或过程，所以无法在购买和使用前凭借感知器官来感觉、看到或触摸服务的特性并以此判断服务质量的优劣，只能在购买服务后，通过享受服务的过程进行感官上的认识和感觉。图书馆服务也具有这种无形性，通常图书馆用户在选择和使用服务前对于服务具有一定的盲目感，对图书馆服务的认可与否只能通过使用服务后再做出评价。无形性造成了图书馆服务的信息不对称，且不易向用户展示图书馆服务，也不易与用户进行沟通，用户无法通过直观的外在信息感知服务。虽然优质的图书馆服务会令用户感到愉悦，令人不满意的图书馆服务招致用户的抱怨和投诉，但对于本次服务而言，只是在事后才做出的评价。因此，为了增加用户对图书馆服务的认识，必须通过其他方式事先将图书馆服务的具体情况传递给客户，图书馆主动对服务做出标准规范便是一种有效的信息传递方式。

（2）图书馆服务的异质性

服务的提供是依靠服务提供者与用户接触而产生的，服务主体和服务对象都是人，每一个人都具有自身个性，服务的品质既受到服务提供人员的素质差异的影响，又受到客户个性特色和个体需求的影响。不同素质的服务者会产生不同的服务效果，同样的服务者为不同要求的客户服务也会产生不同服务质量效果。服务的行为几乎不可能完全一样。服务的异质性因而产生。服务的这一特性要求图书馆重视服务规范，提高馆员自身素质，通过制订服务标准对服务的构成成分和服务质量做出统一认定，加强与图书馆用户对服务要求的沟通，全面实施服务标准，尽量保证服务的一致性，并赋予图书馆员适当权力处理用户的个性化要求，进而提高服务质量。

（3）图书馆服务中生产和消费的同时性

有形产品从原材料采购、生产加工、物流运输到分销销售，按照流程发生在不同的时间和地点，是异时的。而服务的产生过程就是客户使用的过程，服务的生产和消费使用同时发生，服务生产与服务消费同时产生，相互依存，不可分离。对于图书馆而言，服务的质量，用户对服务的满意与否都是在服务的过程中产生的，依靠的是服务的交互过程，这个过程包括了图书馆员之间、馆员与用户之间的行为。低质量的服务将导致无可挽回的后果。因此，提高图书馆服务质量不是临时的工作，而是要事先做好充足的准备，提升馆员服务素质，保障服务能力，统一服务要求，制订服务准则，才能在为图书馆用户提供服务的过程中将优质服务传递给他们。同时还意味着图书馆服务要重视时间开销。由于服务是实时传递的，用户必须在现场接受服务，时间（包括搜索图书馆服务、等待图书馆服务、使用图书馆服务的时间）将全部被列入成本，因此，提高用户对图书馆服务质量的感知，必须通过规范的服务要求实现迅速服务，主动服务。

（4）图书馆服务的不可储存性

顾客在购买有形产品后可以自主选择使用的时机，可以不立即使用而通过合理的方式储存起来，待需要时再使用。图书馆服务的生产和消费是同时发生的，提供者提供服务的过程不可能储存起来待今后使用或转让给他人使用，服务生产过程的结束就代表其消费的完成。图书馆服务具有的同时性也造成服务消费的过程不可储存，因此，重视图书馆用户的服务体验，重视服务过程，重视每一个服务环节是成为提高图书馆用户满意度的重要途径。通过图书馆服务标准的制订与实施，敦促图书馆员重视每一次的服务提供，认真对待每一个服务环节，按要求保质保量地提供规范的服务。

（5）图书馆服务的用户参与性

对于有形产品来说，客户就是整个产品供应链的末端，意味着产品在最后才能到达客户，客户只能够购买产品和消费产品，并无法参与本次产品的生产过程。但对于图书馆服务而言，由于其生产与消费不可分割，同时发生，因而服务通常需要客户参与其中。因此，图书馆服务质量不仅受到馆员的影响，还受到来自用户的影响。图书馆用户如何参与服务，用户是否能熟练地参与服务过程都将对服务造成影响。这就要求图书馆对整个服务进行合理规划与设计，不仅对图书馆管理员提出要求，对图书馆用户也需要提出相应的要求，进行一定的指导。当然，用户在图书馆服务过程中是否能履行自己的职责往往受到服务提供过程环境的影响，如果服务环境的设计符合用户需要，就能够提高用户的感知服务质量和参与服务的程度。

（6）所有权的不可转让性

有形产品是一种物品，消费者付出一定的代价购买产品就获得实有的物品，产品的所有权从产品提供方转移到了客户。服务是一种行为或过程，在生产和消费的过程中并不涉及物品所有权的转移，服务在交易和消费完成后便消失了。例如，在图书馆享用阅读服务，并不意味着可以将图书馆图书占为己有。

图书馆服务所具有的特性来自服务本身，这些特性启示图书馆管理者和研究者应重视图书馆服务，加强图书馆服务规范的研究和应用，通过有形实在的图书馆服务标准向用户传递无形隐蔽的服务信息，促进图书馆服务双方的有效沟通，从而提高图书馆服务质量和用户对图书馆服务的满意程度。

二、图书馆服务的类型

依照不同的划分标准，服务可以有不同的分类，由此决定了图书馆服务的类型。按照服务工具的区别，服务可以分为以机器设备为基础的服务和以人为基础的服务，图书馆服务二者兼而有之，设施设备和图书馆员是开展图书馆服务的必要条件。结合服务活动的本质，服务可以划分为作用于人的服务、作用于物的服务，图书馆服务主要是作用于人，即图书馆读者的服务，即使对图书、文献进行处理加工也是为了满足读者对图书资料或信息的需求。按照服务组织与客户的联系状态可以分为连续性服务和非连续性服务，图书馆用户在需要时使用图书馆服务，因此属于非连续性服务。按照作用于服务组织的目的和所有制的区别可以划分为盈利性服务、非盈利性服务、私人服务和公共服务，总体上，图书馆服务属于非盈利性服务。按照服务提供的形式可以分为提供实物的服务、提供信息的服务以及提供知识的服务。图书馆向用户提供服务的形式可能是三者之一，也可能是三种的任意组合，如图书借阅主要是提供实物，导读服务则既要提供实物又要提供一定的信息，而学科咨询服务则以提供知识为主。随着用户需求的改变和图书馆服务能力的提升，图书馆越来越多地向用户提供知识，所以知识服务已成为当今图书馆服务的一大趋势。图书馆服务类别也可以按照图书馆类型来划分，主要包括公共图书馆服务、高校图书馆服务、国家图书馆服务、学校图书馆服务、专业图书馆服务以及企业图书馆服务等。

当然，图书馆服务分类最常见的方式是根据图书馆提供的服务内容进行划分的，随着计算机技术、声像技术、通信技术等在图书馆的广泛应用，图书馆服务方式日益多样化，图书馆服务内容也不断增加。常见的图书馆服务内容有：阅览、外借、缩微复制、参考咨询、编译报道、文献传递、情报检索、定题、专题讲座、展览、自助等。不同类别的图书馆，其服务内容也具有一定的侧重点。

三、图书馆服务的要素

（一）来自服务理论分析的要素

服务是多种多样的，服务的多样性是由服务要素的不同组合决定的。而服务要素是构成服务、使服务能够达成用户需求的各种要素，如服务设施、服务环境等。在前面分析图书馆服务内涵时，曾总结了图书馆服务实现的基本要素包括：（1）图书馆用户；（2）图书馆服务提供者；（3）图书馆服务能力；（4）图书馆服务接触。然而除了这些基本要素之外，为了构建图书馆服务标准体系，还要从服务理论中发掘更多的相关要素。

服务理论认为，服务要素除了基本要素还应包括服务环境、合同、支付、交付、设备、预防性措施和沟通。而决定服务是否能够达成最重要的因素当属服务能力。服务能力是指服务满足顾客和相关方明确和隐含要求的一组固有特性的能力。服务能力包含服务提供能力。决定服务能力的服务特性是指根据该项服务所需实现或具有的功能及其相关要求，如图书馆提供的文献传递服务具有及时性就能体现图书馆服务能力。服务特性应在服务提供前进行确定。服务特性具有以下显著特点：服务结果取决于服务提供的员工质量和管理；服务过程直接面对客户；服务有若干不同的特性，互相制约，相互影响，如图书馆向用户提供信息的及时性和全面性是互相制约的。作为服务能力的特性，所有的服务特性应该是能评价的，评价的依据有两个，即客户的需求和组织的规定及标准。服务特性的评价就是将服务提供过程、结果与服务组织有关的规定、标准和顾客的需求进行比较。服务提供者的服务能力必须保持相对的恒定性，在服务要求文件中可能指定的服务特性实例包括：（1）设施的数量、能力的高低、人员的数目和材料的数量；（2）等待时间、提供时间和过程时间；（3）卫生、安全性、可靠性和保密性；（4）应答能力、方便程度、礼貌、舒适、环境美化、胜任程度、可信性、准确性、完整性、技艺水平、信用和有效的沟通联络。服务提供的规范需要做出具体的规定。从服务本身的作用机制来看，服务是由服务提供者为满足客户而提供的内容，是由一系列动作环节组成的过程，服务的生产和消费是同时进行的，用户感知服务质量往往也是发生在同时进行的生产和消费的交换作用和交互过程之中。因此，服务交互是服务中的重要问题之一。美国研究者最早提出服务中的交互问题，将其称为服务接触，意思是"顾客与服务提供者之间的动态交互过程"，不过，他们认为"服务接触是服务双方的角色表演，顾客和员工各自承担自己的角色"，服务接触局限于顾客和员工之间的人际接触，因此他们所提出的服务交互是比较狭义的交互。基于服务接触概念，林恩·肖斯塔克提出服务交互概念：既包括服务人员与顾客的交互，又包括顾客与设备和其他有形物的交互。同时顾客之间也存在交互，而且这种交互还会直接影响顾客对服务过程的评价，直接影响顾客感知的服务质量。另外，实践应用中服务要素中的服务交互也常被称为服务提供，不过，服务交互更强调双方作用机制，突出服务双方地参与，相比之下，服务提供强调单方面作用机制，主要突出提供方的服务能力。服务交互是一个抽象概念，图书馆服务交互是指在图书馆服务过程中的服务接触面，包括馆员与用户的接触面、用户与图书馆物品（包括实体和电子的资源、设施设备等）的接触面、用户与用户之间的接触面。对图书馆服务交互的要求可以转化为对馆员的服务意识和服务技能的要求，为用户运用服务的意识以及与馆员和其他用户协作的能力的要求。

另外也有研究者认为服务实质上体现的是客户需求的价值，因此，将服务包含的要素统称为服务包。服务包是指服务产品是各种有形服务和无形服务得一个集合或者组合，非常形象地道出服务产品就如同一个包裹，涵盖了各种服务，也被称为顾客的价值包。当服务提供者为用户提供服务时，并不仅仅指该服务本身，而且还包括为了完成服务而具有的各方面特性，因此，服务包的组成要素通常包括：（1）支持性设施，是服务时必需的物质资源，即服务设施，主要包括建筑、空间、环境、基本设备等，如图书馆的阅览室、阅览座椅、书库和照明灯等；（2）辅助物品，是指客户为了享用服务而购买和消费的物质产品，或顾客自备的物品，如图书馆的纸笔、查新报告等；（3）显性服务，是指可以感官察觉的、为客户提供的基本或具有本质特性的服务利益，是服务包的核心要素，如用户在图书馆借到了想看的书，通过图书馆数据库查到了想要的论文；（4）隐性服务，是指客户在服务中体验到的精神状态，是服务的本质特性，如用户在图书馆阅览图书时感受到图书馆安静的氛围，借书时感受到馆员友好的服务态度。以上四类要素便构成了图书馆服务，其中，显性服务是客户真正需要的内容，其余三者起到辅助作用。服务包的每一方面都会影响用户对服务的感受和体验，从而影响用户对服务做出的评价。

（二）来自图书馆服务研究的要素

为了进一步挖掘图书馆服务的要素，本书将从图书馆服务研究的文献中提取服务要素。并采用文献计量法，从中外数据库有关图书馆服务的论文中提取图书馆服务要素，主要运用引文网络分析法和共现聚类分析法。

一是引文网络分析法。每一个研究领域都是不断地由知识积累和知识扩散形成的，具体表现为科学文献间的引用，通过对引文网络的分析，可以追溯领域发展的历史，追踪学科的热点和研究方向以及评价科学的发展趋势。普赖斯是最早应用引文网络关系来探测领域知识结构和变化的。后来，哈蒙和多莱尔提出识别出引文网络中具有最大连通度的系列文献称为主路径。主路径是承载领域知识扩散的核心通路。基于主路径分析的核心通路，便可以以主路径为种子文献，对引文网络基于弧线值聚类，利用弧线值的相似性将相关文献聚集成小群体，即主题岛，进而可以通过对主题岛的主题分析得到领域发展过程中的主要研究范畴。

二是共现聚类分析法。即相同特征项共同出现在多篇论文中的现象称为共现，如多篇论文共同出现的关键词、共同出现的合作者、共同出现的合作机构等。对共同出现的特征项进行分析从而反映论文之间的关联则称为共现聚类分析。共现聚类分析法中最常见的是共词分析，又以关键词共现聚类使用最广泛。

不过，需要说明的是，由于软件工具的限制，目前还只能对外文数据库检索的引文数据开展引文网络分析，因此，本书将对外文数据库通过引文网络分析和关键词共现聚类提取服务要素；对中文数据库则以关键词共现聚类提取服务要素为主。

四、图书馆用户满意及服务质量理论

与图书馆服务关系最密切的当属用户，图书馆服务的产生、存在及不断发展，皆源于用户的信息需求及其满足，因此，以用户需求为图书馆服务的起点，以用户需求满足为图书馆服务的目标是图书馆服务的最基本导向，而提供高质量的服务是图书馆服务标准的最基本准绳。

用户满意概念来自营销学的顾客满意，ISO9000：2000标准对顾客满意的界定是"顾客对其要求已被满足程度的感受"。图书馆用户满意是指用户对其要求得到图书馆满足程度的感受。对满意的测度就产生了图书馆用户满意度，是指用户对图书馆提供服务的满意程度，是用户在接受图书馆一次或多次服务经历的内心感受和主观评价，提供用户接受服务的可感知效果与其期望值比较进行测定。在对图书馆用户满意度地调查研究中，研究者分别分析了影响因素或构建了测度的指标体系，这些指标体系或因素指出了图书馆服务通过哪些方面的努力能提高用户满意度。进而提取符合用户期望的图书馆服务标准要素。

科里奇和哈西德考察了高校图书馆后提出，环境是影响高校图书馆用户满意度的重要指标，具体影响因素包括隐私、个人空间和拥挤程度。另有研究认为服务质量和用户满意度是相互影响的，其影响用户满意度的最主要的五大因素为：图书馆工作人员愿意帮助用户，在线查询响应，图书馆工作人员积极并及时提供服务，图书馆建筑和标识是清晰的，图书馆工作人员是友好和礼貌的；初景利提出影响用户满意度的因素主要有资源状况，即资源是否丰富，资源是否容易被获取；馆员状况，即图书馆员的知识水平、服务水平、工作效率和工作态度；环境状况，即环境整洁、美观、舒适；用户自身状况，即对利用图书馆的认识、利用文献资源技能的掌握程度。王向锋和杨玖波认为影响高校图书馆用户满意度的主要因素可以总结为4P，即服务提供者（Provider，包括人员、设备、图书、数据库）、服务过程（Process，包括服务态度，服务的及时性、经济性和先进性，服务项目的多少，个性化服务）、服务接受者（Patron，包括用户特征和获取信息的能力）及服务场所（Place，如馆内的布置、摆设与空间的大小，环境舒适、优美、整洁、安静）。鞠建伟和梁花侠从工作人员、文献资源、服务方式、环境、设备、服务结果六个方面总结了用户满意的服务要求指标，其指标体系中考察的主要是工作人员的可信、可靠以及亲和性，与其他研究者的观点有所不同。高雯雯等人主要从服务（服务效率、服务方式、服务时间、服务态度）、文献、设备、环境提出了读者满意的指标体系。为了实现用户满意，研究者们提出的用户满意度指标体系都共同强调了图书馆环境、图书馆设备、图书馆资源、图书馆人员。任红娟和赵伯兴提出的指标还包括信息系统、人员的服务能力、用户的期望、用户的需求等，详见表1-1。

表1-1 图书馆用户满意度指标

一级指标	二级指标
信息产品	馆藏资源丰富
	信息产品的可获取性
信息系统	系统响应速度
	界面的友好性
	资源的整合程度
人员的服务能力	提供服务的准确性
	提供服务的及时性
	提供服务的全面性
	工作人员的操作能力
	工作人员与用户交流能力
	工作人员的服务态度
用户的期望	用户对信息产品和信息系统的期望
	用户对信息服务的期望
用户的需求	用户对信息产品和信息系统的需求
	用户对信息服务的需求
图书馆的服务环境	图书馆的布局是否方便用户寻找
	图书馆的氛围是否安静、整洁，有文化氛围
	图书馆是否具有空调、暖气、饮水等设备

图书馆服务质量模型的研究来源于质量管理领域。而最具代表性的服务质量模型SERVQUAL是20世纪80年代末依据全面质量理论提出的、由顾客填写的服务质量评价体系（调查问卷）。该体系由22个陈述项构成，根据服务质量差距模型，每个陈述项又分别从特定角度，同时测度顾客对服务的最低期望水平、理想期望水平和感知到的水平。服务质量取决于用户所感知到的服务水平与用户所期望的服务水平之间的差别程度，因此SERVQUAL也被称为期望—感知模型。这22项陈述分别体现着五个方面的质量指标：可靠性、响应性、保证性、移情性和有形性。见表1-2。

表1-2 SERVQUAL项目组成表

项目	内涵
可靠性	代表可靠与正确的执行已承诺的服务得能力；可信赖的服务绩效是顾客的期望；意味着每一次都能够准时、一致、无误地完成服务工作
响应性	代表立即提供服务的意愿；让用户等待会造成不必要的负面印象，当服务失败发生时，专业而迅速地恢复服务给用户的正面认识
保证性	代表员工的知识、礼貌，以及信任与信息的能力。其特征包括：执行服务的能力、对顾客应有的礼貌和尊重、与顾客有效的沟通，以及实时关心顾客的最佳利益
移情性	代表提供用户个性化关心的能力。此维度的特征包括：平易近人、对用户需求敏感度高
有形性	代表实际的设施、设备、员工，以及外在的沟通材料。这些有形的东西是对用户关心的显著证明

自20世纪90年代后，服务质量模型在图书馆服务领域得到了广泛的应用，在SERVQUAL体系基础上开发出了专门用于评价图书馆服务质量的LibQUAL+TM。LibQUAL+TM衡量的是图书馆服务质量水平。ARL和得克萨斯A&M大学进行合作，以SERVQUAL为基础，采用了SERVQUAL的工作原理和评价方法，通过反复进行读者调查并将新发现的质量方面问题融入SERVQUAL，对其进行不断的修订，提出了LibQUAL+TM，现已成为图书馆界常用的工具。从2000年开始，ARL利用LibQUAL+TM对12所大学图书馆进行服务质量测试，取得了比较理想的结果，同时也体现出其中存在的一些问题，因此，在实践应用中ARL对其进行多轮实验、修正，以使LibQUAL+TM更加突出对图书馆的适用性，覆盖图书馆服务的各个领域。

杨志刚等人认为图书馆服务质量可以从图书馆和用户两个角度来衡量。前者通过图书馆标准，也就是图书馆内部的各项规章制度来体现，能够被感知和具体执行，被称为显性标准（或客观标准）。后者指图书馆用户对服务的期望水平，不易体察，不可预知，称为隐性标准，也叫主观标准。二者之间存在正差距、零差距和负差距，可以通过事前与事后两种方式相互转化，图书馆服务工作的重点就是对隐性标准的识别与外化，使服务最大可能接近用户的期望。他们通过研究证明用户体验的图书馆服务质量可以转变为实现确定的图书馆标准，如图1-1所示。

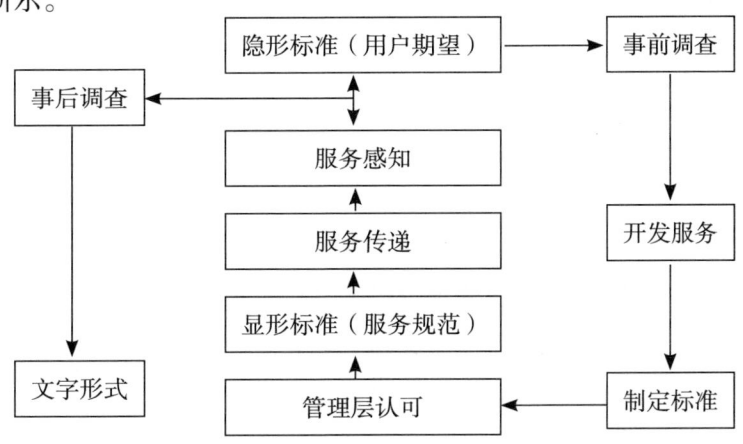

图1-1　隐性标准向显性标准的转化

根据转化模型，Kano模型可以实现隐性标准的事先识别和外化，通过LibQUAL模型实现隐性标准的事后识别和外化。杨志刚等人还阐述了如何更好地改进两种模型的问卷以及更好地搜集调查数据，进而更好地将隐性质量标准转化为显性质量标准。根据Kano模型设计的Kano问卷包括23个问题。问项"1.图书馆员接待热情友善""2.图书馆员仪表整洁，行为举止文明得体""3.图书馆员能够正确理解您的需求，并提供可信答复"体现的是对馆员的态度和职业素养等方面的要求。问项"15.图书馆环境舒适、整洁、安静，充满文化氛围""16.馆内设置各种指引标识""18.馆内提供必要的设备（网络环境、计算机、打印机等）""20.馆内温度（空调和暖气）、饮水、卫生间、通风、安全等方面条件适宜"表现了对图书馆环境方面的要求。问项"19.允许您远程（在办公室、家中或宿舍）获取馆内的电子资源""11.图书馆网站对其他资源（如课件、试用数据库、免费网络资源、娱乐资源等）进行整合与管理"体现了图书馆服务方式的要求。问项"5.图书馆帮助您及时获取最新电子资源信息""6.图书馆满足您在交叉学科学习和研究方面的需求""8.图书／期刊（包括电子版）收藏齐全，能够满足您的需求""9.光盘可以借阅""10.图书馆网站对网络学术资源整合，提供统一检索平台"反映了对图书馆资源方面的需求。问项"7.图书馆及时回复您对图书馆工作提出的批评和建议，并及时改进工作""4.图书馆开设利用图书馆和文献检索方面的各种培训讲座或课程""17.馆内提供联合目录检索""12.开展参考咨询服务（包括实地、邮件、网上即时咨询）""13.开展馆际互借和文献传递服务""14.提供科技查新服务""21.适当延长开馆时间""22.馆内设置自习室""23.馆内设置供团队学习、研究用的单独空间"反映了对图书馆服务内容的要求。

归根结底，图书馆的服务质量和用户对图书馆的满意程度都是来源于图书馆服务的。无论图书馆是否对服务有明确的规范制度，图书馆服务都是根据一定的服务要求来开展的，以达到一定的服务质量。因此，从这个意义上，可以根据已经较为成熟的图书馆用户满意和服务质量体系来反推出图书馆服务标准，从它们的因素来反推出图书馆服务标准的具体要素。本书结合上述对用户满意和服务质量的研究分析，归纳出图书馆服务应关注的规范要求包括：服务设施设备标准、服务资质标准、员工、职业素养、服务能力、服务态度、服务沟通、个性服务关注和服务补救，主要反映出服务提供过程的要求和规范。

五、高校图书馆服务的作用

（一）支撑教学

教书育人是高等学校的首要任务，是社会衡量高校办学质量的重要指标。高等学校通过教学培养高层次人才，对提高社会文化素养具有重要作用。因此，支撑教学是高校图书馆的主要功能之一。一般而言，高校图书馆可以为教学提供教学的场所，提供教学资源，如教材、参考资料等。在现代信息技术的支持下，高校图书馆提供的教学服务更为丰富、全面和及时。除了数字化的文献资源，教学相关的音视频材料都可通过图书馆提供给师生，从而更好地支撑教学全过程。

（二）支撑科学研究

除了教学，高等学校的另一主要任务就是开展科学研究，高校图书馆应支持所在高校各个学科的科学研究。科学研究的起点有赖于及时准确的信息，高校图书馆通过搜集科技动态信息、国家战略规划、学科前沿、市场需求信息等为科学研究提供论证依据。图书馆还拥有支持科研全过程的丰富的信息资源和多种形式的信息服务。图书馆不断扩展学术信息交流空间，组织学术探讨和咨询，为科学研究提供必备的条件。

（三）支撑学习

学生是高校的主体，支撑学生学习是高校图书馆的职责所在。高校图书馆通过图书馆实体为学生提供学习场所和学习氛围，通过图书馆丰富的文献信息为学生提供学习资源，通过图书馆服务为学生提供学习辅助。学生是未来社会的主体，高校图书馆为学生提供的学习服务将对其未来的人生产生潜移默化的影响。培养学生利用图书馆的学习习惯和学习方式，可以促进他们进行终身学习，提高社会成员的文化素质。

（四）支撑文化传播

高校图书馆除了服务本校师生外，为社会服务也是高校图书馆的义务，在高校图书馆为社会服务的范畴中，文化服务是其主要功能。《普通高等学校图书馆规程（修订）》中指出有条件的高等学校图书馆应尽可能向社会读者和社区读者开放。高校图书馆通过其所在地的社区向社区居民进行宣传，动员他们使用图书馆的资源，举办讲座、展览等，向他们传播文化。高校图书馆还应与当地的政府、企事业单位联合发挥文化服务功能。例如，向它们捐赠图书、软件、设备，建立地方文献库和专题库，为企事业单位提供定制信息服务以及提供智力和人力支持，将高校图书馆的文化资源传送到更多公众手中。

高校图书馆服务应发挥的作用是高校图书馆组织信息资源和提供服务的根

据，依据高校图书馆服务作用制订的服务标准能准确地反映用户需求和图书馆目标，不仅能成为判定资源和服务合格与否的依据，而且还能够促使高校图书馆重视服务、改善服务和提高服务质量。高校图书馆采取规范统一的服务制度、服务技术和服务程序，合理使用图书馆人力、物力、财力资源，部分服务效率通过指标可以进行量化，使图书馆服务功能达到最佳，从而在既定投入的情况下提高工作效率，保障图书馆的服务达到最佳的秩序和质量。

第二节 图书馆标准化理论

一、图书馆标准的内涵

我国对图书馆标准的认识源于20世纪对图书馆工作规范化、现代化的认识，认为图书馆标准化是指对图书馆行业的发展、图书馆业务技术方法，以及设备用品等实行统一的规范。它是图书馆行业现代化的前提，主要包括：图书馆行业标准化、文献分类标准化、文献著录标准化、名词术语标准化、情报检索语言标准化、机读目录款式与结构标准化、缩微制品标准化以及各种设备用品标准化等。我国于1979年11月7日成立了全国文献工作标准化技术委员会，专门从事图书、情报和档案等方面的标准化工作，并相继制定了有关标准。1990年，《中国百科大辞典》对图书馆标准化做出了正式的定义，图书馆标准化是指主要对图书馆业务技术方法，以及设备用品等实行统一的原则或规范。其内容包括文献分类的标准化、文献著录标准化、名词术语标准化、情报检索语言标准化、机读目录款式与结构的标准化、缩微复制品的标准化等，都将是实现图书馆现代化的要求。研究者也认为图书馆的标准化管理体系一般由工作标准和管理标准两部分组成，其中最主要的是文献工作的标准化，文献工作标准化的范围是情报工作、图书管理业务和有关信息服务，同时还包括应用于文献工作的信息系统和互换网络系统的标准化，包含以下两类标准：其一是基础标准，包括文献工作名词术语标准、文献工作代号代码标准、文献工作缩写标准等。其二是用于图书资源检索和报道用的服务性标准，由检索刊物标准、出版物格式标准、代号代码类标准、缩微、摄影技术标准、机读形式文献目录以及记录交换格式标准等组成。在加强高校图书馆标准体系方面，滕德斌认为图书馆员要做好文献、信息服务工作，不仅要熟悉本行业的国际、国家标准，而且还要熟悉图书馆内标准。其中馆内标准化工作的措施主要包括以下两点：一是开展图书馆的标准化管理工作的宣传教育，不断提高图书馆工作人员的标准化工作意识；二是不断建立、健全、完善标准化管理各项规章制度和标准，而且要在工作中以这些规范和标准作为行动的准则，以便为读者提供优质服务，这一观点无疑是正确的，但其在这里将服务划归到文献工作标准化，认为服务标准属于文献工作标准仅是反映了20世纪图书馆活动的情况，即当时的图书馆活动主要以文献工作为主，服务性能还不突出。

由此可以看出以前的研究成果只能反映出在当时条件下人们对图书馆标准的认识，集中在图书馆业务工作方面，都没有涉及图书馆服务的标准规范，在今天看来，已经难以反映图书馆标准的全部内涵。

根据前面内容对标准的概念界定，本书对图书馆标准做出如下定义：图书馆标准就是为了在图书馆工作的范围内获得最佳秩序，经协商一致制定并由公认机构批准，共同使用的和重复使用的一种图书馆规范性文件。图书馆标准的内涵包括：（1）获得图书馆活动的最佳秩序，促进图书馆和读者的最佳共同效益是制订标准的根本出发点和最终目标；（2）图书馆标准是经公认的权威机构批准，在一定范围内规范图书馆活动；（3）图书馆标准已经从业务领域延伸到图书馆全部活动中；（4）图书馆标准所反映的不仅是局部的片面的经验，而且是一定范围内普遍共同的经验和利益，既有可能是来自同一类型图书馆的普遍经验，也有可能是出自对一定地域范围或行政级别图书馆经验的总结；

（5）图书馆标准是对同一事件重复且多次出现的性质进行规范，目的是总结以往的经验，最终选择最佳方案，作为今后图书馆实践的目标和依据，如图书的分类标准就是在一定范围内通用的反复出现的事物；（6）制定图书馆标准要将理论研究成果、新的科学技术与实践经验相结合，经过分析、筛选、对比、综合而形成。图书馆标准是对图书馆工作的科学、技术和经验进行理解、提炼和综合概括而形成的。

二、图书馆标准的类型

从不同目的和角度可以对标准进行不同分类，常见的分类标准包括按标准的约束力大小、不同制定主体、不同形态等。

人们制定标准的目的强制性不同，标准具有不同约束力，强制性标准主要目的是保障人体健康和人身、财产安全，对这方面的要求必须由国家法制强制执行。在我国，冠以 GB 标准代号的都是强制性标准。与强制性标准相对的是推荐性国家标准，其标准代号为 GB/T。推荐性标准不强制执行，而是自愿执行，但具有指导性。图书馆标准都是属于推荐标准。图书馆行业协会通常会积极提倡采用推荐标准，由各个图书馆自主决定是否采用该标准。高校图书馆采用图书馆工作推荐性标准的积极主动性主要是来自用户对图书馆的需求，也来自图书馆发展的需要，此外，图书馆界的标准通常和评估结合在一起，在有国家标准或行业标准的情况下，图书馆通常都会采用标准，根据标准调整自身的建设。

制定标准的主体不同，标准覆盖的范围也就不同，按标准制定的主体，标准分为国际标准、区域标准、国家标准、行业标准、地方标准和企业标准。知晓度最高的国际标准为 ISO 标准，图书馆工作最常参考的国际标准也是 ISO 标准。国家标准是指由国家标准机构通过并公开发布的标准，国家标准机构按专业对标准划分具体种类，在我国，图书馆标准属于文化行业标准，标准代号 WH。覆盖范围最小的标准是企业标准，也是最随机灵活的标准，高校图书馆也可以自行研究并制定自己的"企业级标准"。

除此之外,标准还可以划分为标准和标准文件。前者代表标准所要约定规范对象的内容实质,后者是根据标准内容按照特定的编写原则和体例格式所撰写的标准文件,便于人们阅读和使用。然而,最符合图书馆实际情况的标准分类是根据图书馆活动类型划分的。图书馆活动包括管理活动、业务活动和服务活动。图书馆服务标准对应地分为图书馆管理标准、图书馆技术标准以及图书馆服务标准。不过,从图书馆的实际情况及图书馆标准的研究现状来看,大部分标准都是针对业务活动的技术标准,如文献分类标准、文献著录标准、都柏林核心元数据集、Z39.50标准以及MARK标准等,对图书馆服务进行的规范屈指可数,不能不说是图书馆标准的一大漏洞。

在图书馆领域,较为早期的标准几乎集中在技术标准的文献工作标准化方面。文献工作标准是在第二次世界大战前后首先在欧洲兴起的,1947年国际标准化组织(ISO)成立。其中组建的第46技术委员会(ISO/TC46),即文献工作标准化专门委员会,使文献工作标准化理论研究有了专门的组织保障。在我国,于1979年成立了我国图书馆工作相关的第一个国家标准化组织——全国文献工作标准化技术委员会(简称文标会,现改名为中国情报文献工作标准化技术委员会)。文标会负责制定、修订、管理和推广有关文献工作方面的国际标准,各级各类图书馆广泛地采纳了文标会制定的文献工作相关标准。但文献工作标准化仅仅是图书馆标准化工作中的一部分,其目标是为图书馆服务提供基本的保障。此后,包括中国图书馆学会制定的《公共图书馆建设用地指标》,以及由国家文化和旅游部主编、住房和城乡建设部与国家发展和改革委员会批准发布的《公共图书馆建设标准》等相关标准,都还是针对图书馆服务的基本条件而制定的。随着我国图书馆基础条件和服务设施体系的日趋完善,图书馆服务的标准化才开始提上议程。2008年12月9日在国家标准化管理委员会和文化和旅游部领导下,成立了我国图书馆行业真正意义上的国家标准化组织——全国图书馆标准化技术委员会（简称图标委）。国家图书馆原馆长詹福瑞在图标委成立暨工作会议上提出，标准规范是衡量一个行业成熟程度的重要标志，图标委将全面开展图书馆管理、服务工作，图书馆古籍善本的收藏、定级、维修、保护，图书馆环境等领域标准化工作，提高我国图书馆行业的现代化、规范化程度，对图书馆服务规范进行研究标志着我国图书馆行业的标准化工作进入了一个新的发展阶段。

三、图书馆标准的生命周期

著名标准化专家桑德斯提出的标准化理论认为，标准化活动过程可以概括为制定—实施—修订—再实施标准。标准的生命周期是制定标准、实施标准以及修订标准的循环过程，如图1-2所示。开展标准活动的起点和基础是制定标准，否则标准活动就缺乏规范的依据，将无法开展标准活动；实施标准是实现标准作用、体现标准意义的活动，是整个标准活动的中间环节；在实施过程中，对标准的实施情况进行监督和反馈，搜集标准实施的建议和意见，通过监督反馈并客观评价标准的水平；依据实施反馈意见对标准进行修订完善是标准活动的重要过程，促进标准体系不断完善，推动标准活动持续进行。因此，制定标准、实施标准、修订标准的过程不断往复，形成标准活动发展的螺旋式模型，反映出标准不断改进不断完善的生命进程。图书馆标准也具有同样的生命周期。

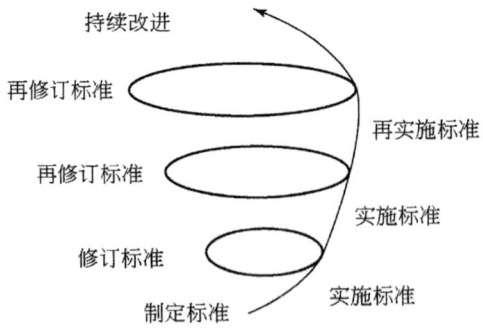

图1-2　标准化过程螺旋示意图

推动图书馆标准化进程的动力来自图书馆生存环境的不断变化、图书馆行业的不断发展以及图书馆用户需求的变化。

第三节 图书馆服务标准的理论框架

一、图书馆服务标准理论框架的架构

根据上述几节理论分析的结果，本书认为在服务标准理论、图书馆服务理论、图书馆标准化理论基础的共同构建下，才能建立图书馆服务标准的理论框架，如图 1-3 所示。

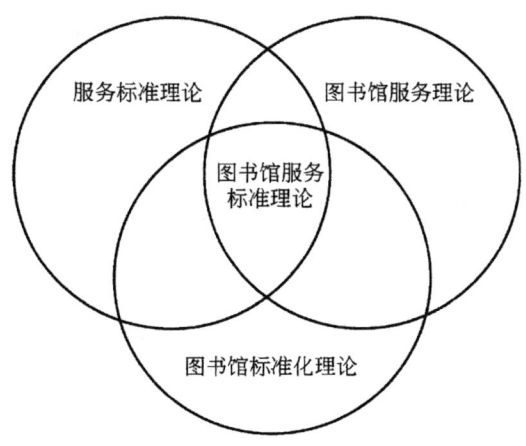

图1-3 图书馆服务标准理论框架

图 1-3 中三个圆分别代表服务标准理论、图书馆服务理论和图书馆标准化理论，它们的交集即为"图书馆服务标准理论"。这一框架表明图书馆服务标准理论是图书馆标准化理论的一个重要组成部分，与图书馆业务标准理论、管理标准理论共同组成图书馆标准化理论体系。根据图书馆服务标准理论框架，本书认为图书馆服务标准就是针对图书馆服务工作应达到的要求而制定的标准。图书馆服务标准是以星级服务为目标，为用户提供高品质的规范化服务，

实现服务效率最大化，服务管理最优化，服务效益最大化以及服务实现五星级水平。图书馆服务标准体系就是为了获得图书馆服务的最佳秩序，由若干相互联系、相互作用、具有特定功能的标准共同组成的有机整体。图书馆服务标准活动的目的是在标准体系的指导下，运用标准原则和方法，制定图书馆服务标准及实施图书馆服务标准，实现服务质量目标，严格服务方法，规范服务过程，从而获得优质服务。这一理论框架成为支撑高校图书馆服务标准研究的基础。

二、图书馆服务标准理论的功能

标准是对实践经验的科学总结，标准的运用使重复出现的需求简单化。"获得最佳次序，取得最佳效益"集中概括了标准的作用和制定标准的目的，指出了图书馆工作者的努力方向，同时也成为评价图书馆服务标准的重要依据。图书馆服务的最佳次序是通过实施服务标准，使服务的有序化程度提高，从而发挥出图书馆服务的最好效应。通过上述对图书馆服务标准理论的阐述，可以总结图书馆服务标准的功能具有以下特点。

首先，根据图书馆服务标准，图书馆采用标准统一的服务制度、规范的服务技术和服务程序，合理使用图书馆人力、物力和财力资源，这样可以排除随意性、人为干扰等因素。因此，图书馆服务标准是规范图书馆服务的重要途径。

其次，根据图书馆服务标准，图书馆能以相同的服务流程、服务手段提供同等水准的服务，满足读者的要求，使读者享用同样的服务。因此，图书馆服务标准是保护图书馆用户权益的重要保障。

再次，图书馆服务标准是图书馆组织资源和服务的根据，通过服务标准的应用，杜绝出现图书馆服务工作的无序状态和重复现象，提高服务效率，提升服务质量。可见，图书馆服务标准是提高图书馆服务质量的重要措施。

最后，图书馆服务标准是统一规范要求，有助于服务信息的传播、交流和共享，能促进新的服务、流程之间的相互操作和推广应用。因此，图书馆服务标准是实现图书馆服务现代化的重要手段。正是因为图书馆服务标准具有这些功能，所以研究和实施图书馆服务标准是极有必要的。

图书馆服务标准必须具有上述功能，以支持图书馆服务的规范化。

三、图书馆服务标准理论的原理

任何标准的形成都是在实践过程中对实践活动逐渐摸索和探讨而形成的，标准形成后，又应用于实践，不断地修正标准。标准活动的整个过程就是理论结合实践，二者不断协调并相互促进的过程。依据标准规范，图书馆开展服务的过程，就是不断完善服务标准，不断提高服务实践的双向协同过程。研究者对标准活动的基本规律做出了探索和研究，形成有影响力的成果。例如，英国标准化专家桑德斯提出的七项原理，日本政法大学教授松浦四郎提出的十九条原则以及我国李春田教授提出的四项原理等。在这些原理的基础上，结合图书馆服务的特点，作者认为图书馆服务标准有其自身规律性，图书馆服务标准的原理主要包括以下四个部分。

1. 用户中心原理

研究、制定及应用服务标准的最终目的是为了满足用户期望。在服务业领域，把依据顾客要求制定服务标准的原则称为顾客导向的服务标准或顾客界定的服务标准。若服务标准的制订是从图书馆的利益出发，首先满足的是图书馆自身要求，只有当图书馆要求与用户要求完全一致，即图书馆导向的服务标准符合用户要求时，用户才会认为此服务是高质量的服务。但在现实情况中，图书馆利益目标与用户要求完全一致的情况是极少的。因此，若从图书馆角度制定服务标准，不一定能满足用户的要求。只有以用户为中心，从用户角度考察图书馆服务，进而户期望或要求出发研究并制定服务标准，才能更好地满足用户的要求。

2. 标准化与个性化兼容并存原理

标准化和个性化看似矛盾的两个问题,但是在实践中,僵化的标准导致服务缺乏灵活应变,完全的个性化也可能导致服务混乱。所以图书馆服务的标准化有助于为用户共同期望提供等同服务,提升服务效率,保证服务质量;图书馆服务的个性化有助于更好地满足用户信息需求,提高服务质量。在标准统一的规范要求下,避免了馆员随意凭借自身的喜好、心情、关系等提供服务;在个性化的主导下,有助于馆员发挥主观能动性,及时发现用户个性需求,与用户积极交流沟通,有效地帮助用户解决问题。因此,服务的标准化和个性化都是紧紧围绕"以用户为中心"的理念,图书馆服务标准应该是以用户为中心,满足用户一切需求的(包括个性需求)的标准。这意味着服务标准对图书馆员将提出更高的要求,这种要求来自在掌握规范化服务技能的基础上,拥有更丰富的经验和技术、更好的交流沟通能力以及更多的情感投入。因此,标准化和个性化在面向满足用户需求的基础上,获得了高度统一,是兼容并存的。要避免简单而片面地理解标准化和个性化,而是要将它们有机融合,制定和实施满足用户一切需求的服务标准,并在实践中不断完善。

3. 系统协调原理

服务标准所指并非一个或某个标准要求,而是指整个服务标准系统。服务标准效应的衡量也不是从单个标准的效应得到,而是从相互协同的整个服务标准体系的效应而来。系统协调原理的思想是贯穿于图书馆标准活动开展的全过程的。根据系统协调原理,图书馆工作人员应树立系统意识、全局观念,从服务标准目标的确定、服务标准体系规划、服务标准工作计划、服务标准实施的方案选择,到服务标准实施过程中依据实施情况进行地协调、控制等都必须运用这一原理。根据系统协调的原理,图书馆服务标准体系的内容组成只有彼此兼顾、形成优化的系统结构,才能在实践应用中产生良好效果。根据系统协调的原理,图书馆开展服务标准活动并不仅仅是一项图书馆内部活动,更是一项社会活动,要取得图书馆内、外因素的相互协作,共同推动服务标准活动地实现。

4. 有序发展原理

标准效应的发挥要求标准具有一定的稳定性,但这并不表示标准就是固定不变的。标准系统的稳定是相对的、非永久的,在一定时间范围和空间范围内发挥其效应。标准系统不发展就会被时代发展和社会所淘汰,所以对图书馆服务标准系统要持续进行监控,不断总结其实施情况,评判标准是否与环境相一致、相适应。及时淘汰其中落后的、低功能的、无用的要素,及时补充新的符合社会发展、用户需求和图书馆服务要求的标准要素,才能不断使系统从较低的有序状态向较高的有序状态发展,不断保持标准应有的功能。有序发展原理为图书馆服务标准发展、进化机制提供了理论依据。在图书馆服务标准活动过程中,既要积极促进现有服务标准的应用,发挥其应有的作用,又要对当前服务标准进行控制和调整,使其与环境发展协调一致,实现标准的可持续发展,保持标准的先进性。

这些原理能够指引每种类型图书馆理性地考虑其图书馆服务的规范化需求、科学地制定服务标准、有序地执行服务标准,以及不断修订和完善服务标准。

第二章 图书馆服务体系

图书馆服务体系由诸多服务体系构成的多功能、多层次的有机整体。这个体系包括文献外借服务、馆内阅览服务、馆外借阅服务、参考咨询服务、用户教育服务等等,各种服务都有其相对独立的功能、效果和适用范围。而作为整个服务方法体系的组成部分,各种服务之间是相互联系、相互补充、相互渗透并密切结合的。

第一节 图书馆的信息资源体系

一、信息资源体系

(一)信息资源体系概述

信息资源体系是指信息资源各要素之间相互联系、相互作用而形成的具有特定功能的有机系统。它是指在一定范围内,经过布局、搜集、整理、保存并提供有用的所有信息资源的集合。面向用户的资源与服务整合是根据一定的需要,对各个相对独立的信息资源系统中的数据对象、功能结构相互融合、类聚和重组,重新结合为一个新的有机整体,形成一个效能更好、效率更高的信息资源体系,从而保证信息资源更好地被利用。这包含三方面内容:一是将内部信息资源和外部信息资源进行有机整合,二是构成一个高效合理的信息资源体系,三是实现信息资源的整体利用价值。加强信息资源体系建设应从两方面入手:一是应当保证各图书馆每年都能入藏一定数量的各具特色的信息资源。二是通过信息资源整体建设，建立起能在一定范围内有效地保障社会信息需求的信息资源系统，称为信息资源保障体系。

（二）信息资源体系规划

信息资源体系规划就是根据信息资源体系的功能要求，来设计这个体系的微观结构和宏观结构。在微观层次上来说，就是每一个具体的图书馆根据本馆自身的性质、任务和读者对象的需求，确定信息资源建设原则、资源收集的范围、重点和采集标准，提出本馆信息资源构成的基本模式。在此基础上，制定信息资源建设计划，安排各类型信息资源的数量、比例、层次级别，形成有内在联系和特定功能的信息资源结构，建立有重点、有特色的专门化的信息资源体系。微观规划在时间上表现为短期规划，包括年度计划、季度计划等，是信息资源建设的具体实施计划。

宏观层次上的信息资源体系规划就是从一个系统、一个地区乃至全国的整体出发，对信息资源建设进行统筹规划和合理布局，制定各种类型的图书馆及各类型信息机构之间在信息资源的收集、组织、储存、书目报道、传递利用等方面的协调与合作规划，进而形成相互依存、相互联系的整体化、综合化的信息资源体系。它通常会受到各种内外环境：如政治、经济、文化以及各馆已经形成的馆藏体系、服务对象等诸多因素的影响。宏观规划又分为总体规划和长期规划。总体规划指一个图书馆对本馆信息资源建设的总方向、指导思想、最终目标等所作的构想与规划，解决信息资源建设中根本性、全局性和长远性的大问题。长期规划，通常有三年规划、五年规划等，主要用于确定规划期内信息资源建设的发展目标、任务及实现的途径和结果。

二、信息资源建设

（一）信息资源建设的定义

目前，学术界对信息资源建设概念的理解还不完全达成一致，主要有以下两种理解：

1. 情报学界对信息资源建设概念的理解

情报学界在图书馆界提出文献资源和文献资源建设概念之前，就已经对信息资源、信息资源建设的一些问题展开了讨论。随着 20 世纪 80 年代中期国外信息资源管理理论进入国内及我国正式与国际互联网接轨，信息资源建设就成为了情报学理论界的研究内容及信息机构的工作内容。

1995 年 3 月 21 日，原国家计委、原国家科委与国家信息中心联合下发了《关于开展全国信息资源调查的通知》，对全国数据库和电子信息网络资源进行调查。1997 年 1 月 28 日，原国家科委又下发了《国家科委关于加强信息资源建设的若干意见》，该文件将数据库建设确定为信息资源建设的重点。从上述这些文件中可以看出，情报学界所说的信息资源建设主要是指网络信息资源建设，即数据库的建设。

2. 图书馆界对信息资源建设概念的理解

图书馆界认为，信息资源是经过人类采集、开发并组织的各种媒介信息的有机集合。也就是说信息资源既包括纸品型的文献信息资源，又包括非纸品的数字信息资源。所谓信息资源建设是指图书馆根据其性质、任务和用户要求，有计划地系统地规划、选择、收集和组织各种信息资源，进而建设具有特定功能的信息资源体系的整个过程和全部活动。

目前，信息资源建设已经成为图书馆界、情报界和其他信息工作领域普遍接受并广泛使用的概念。它与文献资源建设相比较，其内涵与外延更为广泛。因此，应将情报学界与图书馆界关于信息资源的不同理解进行整合，信息资源建设应该包括（传统型）文献信息资源建设和数字信息资源建设这两部分。因为只有将（传统型）文献信息资源建设和数字信息资源建设都融合进去，才能形成一个完整的信息资源建设概念，才是对信息资源建设含义的完整而准确的理解。

(二) 信息资源建设的主要内容

信息资源建设是人们对处于无序状态的各种类型的信息进行搜集、选择、加工、组织和开发利用等活动，是各种信息资源形成可利用的资源体系的全过程。其主要研究内容包括以下几个方面：

1. 信息资源的体系规划

信息资源体系是指信息资源各要素之间相互联系、相互作用而形成的具有特定功能的有机系统。信息资源体系规划就是结合信息资源体系的功能要求，来设计这个体系的微观与宏观结构。

在微观层次上就是每一个图书馆根据本馆的性质、任务和读者对信息的需要，确定信息资源建设的原则、资源收集的范围、重点和采集标准，提出本馆信息资源构成的基本模式，制定本馆信息资源采集政策，安排各类型信息资源的数量、比例、层次级别。形成有内在联系和特定功能的信息资源体系，使整个文献信息资源形成重点突出、有特色的多元化的信息资源体系。

在宏观层次上，还要与本地区、本系统的文献信息资源建设相适应，与本地区、本系统的图书情报服务机构协作、协调，统筹规划本地区、本系统文献信息资源的收集、组织、贮存、书目报道以及传递利用，进而形成相互依存、相互联系的整体化、综合化的信息资源体系。

2. 信息资源的选择与采集

根据已经确定的信息资源体系的基本模式，通过各种途径，选择与采集信息资源，建立并充实馆藏，信息资源的选择与采集是信息资源建设的基础工作。信息资源的选择与采集工作包括以下几个方面：

（1）印刷型文献的选择与采集

根据既定的信息资源选择与采集的原则、范围、重点、复本标准、书刊比例等，通过各种渠道和各种方式采集所需文献，建立并不断丰富实体馆藏资源。

（2）电子出版物的选择与采集

这里所说的电子出版物是指以实体形式存在的、单机或在局域网络中镜像存储使用而非网络传递的电子信息资源。图书馆要结合读者的需求、电子出版物本身的质量、电子出版物与本馆其他类型出版物的协调互补以及电子出版物的成本效益等原则进行选择和采集。

（3）网络信息资源的选择与采集

网络信息资源包括付费订购使用的数据库、免费使用的网页信息资源等，其网络数据库是图书馆通过签约付费，可远程登录、在线利用的电子信息资源。国内外许多数据库生产商或数据库服务集成提供商已开发出各种文献数据库，直接购买这些产品或服务。也是信息资源选择与采集的重要内容。

3. 馆藏资源数字化与数据库建设

馆藏资源数字化是网络环境下信息资源建设的重要内容之一。因为只有经过数字化处理的文献才能通过网络为人们所共享。图书馆应通过计算机和大容量的存储技术、全文扫描技术以及多媒体技术，将馆藏中有独特价值的印刷型文献转化为扫描版全文电子文献，制成光盘或在网上传播。

数据库建设是数字信息资源建设的核心内容。对图书馆来说，数据库建设主要有书目数据库和特色数据库建设。书目数据库是开发图书馆信息资源的基础数据库，也是图书馆实现网络化、自动化的基础；特色数据库是图书馆特色资源的集中反映，是图书馆充分展示其个性，提高其社会影响力和信息服务竞争力的核心资源。图书馆要根据本系统、本地区的社会需求和本馆的技术力量、经费等条件，选择合适的主题，系统地将馆藏资源中的特色文献制作成独具特色的文献数据库或专题数据库，并提供网上利用。

4. 网络信息资源的开发利用

因特网信息资源极为丰富，图书馆对它进行开发组织，就可以使这些分布在全球的网络信息资源成为自己的虚拟馆藏。这种开发和组织就是根据用户的需求与资源建设的需要，搜索、选择、挖掘因特网中的信息资源，下载到本馆或本地网络之中，通过分类、标引、组织以及通过网络或其他方式提供给用户使用，或者链接到图书馆的网页上，建立因特网信息资源导航库，以方便读者迅速检索到自己感兴趣的有价值的网络信息资源。

这种虚拟馆藏对图书馆及各类型信息机构的信息资源建设和信息服务具有重要意义。

5. 信息资源的组织管理

图书馆对本馆已入藏的实体信息资源进行组织与管理。包括：对入藏的文献信息资源进行加工、整序、布局、排列、清点和保护，使信息得到有效利用；对数字化信息资源进行整合，将购买的数据库与自建的数据库有机地整合在一起，对其内容进行充分地展示，实现跨库检索，提供"一站式"服务，使用户能够像利用传统文献一样熟悉地运用数字信息资源。

6. 信息资源共建与共享

信息资源共享是人类社会的崇高理想，是图书馆为之奋斗的最高目标。而信息资源共享的前提是信息资源共建，在新的信息环境中，文献信息数量激增与图书馆有限收藏能力的矛盾加剧，信息需求的广泛性和复杂性与图书馆满足需求的能力形成强烈的对比。

网络环境使信息资源共建共享变得更为必要和迫切，同时也为信息资源共建共享提供了重要的技术支持。

在新的信息环境中，信息资源共建共享的主要内容包括：根据图书馆类型、性质和任务以及本地区文献信息资源现状，通过整体规划明确图书馆之间文献信息资源采集的分工协作，建设相对完备的文献信息资源保障体系；建设完备、方便快捷的书目查询信息网络，实现网络公共查询、联机合作编目、馆际互借、协调采购等功能，建立迅速高效的馆际文献传递系统，以便实现文献信息资源的共建共享。

7.信息资源建设的基本理论与方法的研究

信息资源建设是一项复杂的系统工程，它离不开理论的指导。因此，对信息资源建设基本理论和基本方法的研究，是信息资源建设的重要内容之一。其研究的主要内容包括：信息与信息资源以及各种类型信息资源的形成、特点和发展规律；信息资源建设的原则、政策、方法及其实施；信息资源的采集、加工整理、组织管理的技术手段和业务流程；信息资源的选择与评价理论；数字信息资源建设的技术与方式方法；网络信息资源内容开发与数据库建设；信息资源共建共享的理论基础、结构模式、运行机制以及保障条件；信息技术在信息资源建设中应用有关新观点、新技术、新方法地研究等。

第二节　图书馆的信息服务体系

图书馆信息服务是指在网络环境下图书馆利用计算机、通信和网络等现代技术从事信息采集、处理、存贮、传递和提供利用等一系列活动，其目的是给用户提供所需的分布式异构化数字信息产品和服务，满足信息用户解决现实问题的信息需求。更准确地说，现代图书馆信息服务是对有高度价值的图像、文本、语音、音响、影像、影视、软件和科学数据等数字化多媒体信息进行收集，进行规范性地加工，进行高质量保存和管理，实施知识增值，并提供在广域网上跨库链接的数字信息存取服务。同时，它还包括知识产权存取权限、数据安全管理等。而"体系"一词在辞海中的含义是"若干有关事物相互联系、相互制约而构成的一个整体"。由此可见，图书馆信息服务体系是指利用图书馆信息资源为用户提供信息线索、信息内容、信息服务的组织、制度、方法之整体。

一、图书馆信息服务

（一）图书馆信息服务的特点

图书馆信息服务是一种高效的网络化、数字化信息服务，是现代信息服务的高级形式，它从服务内容、载体形式、服务模式、服务策略与方式等诸多方面都具有区别于传统信息服务的特点。具体表现如下：

1. 服务资源的数字化、虚拟化

信息服务资源数字化，即指信息以计算机可读形式存储；信息服务资源虚拟化，是指信息资源表现出来的只有使用权而无所有权的非占有性。现代图书馆的馆藏不仅包括载体形式多样的本地实体数字信息资源，还包括大量网上的分布式的虚拟数字信息资源，其特点是收藏数字化与存储虚拟化。

2. 服务内容的知识性、精品化、多样化

现代图书馆信息服务强调信息资源的开发与利用，为信息用户提供的不仅仅是信息线索及相关文献，更主要的是直接提供所需解决现实问题的知识。信息的精品化源于电子信息量的急剧增长，促使用户越来越重视信息的质量和浓度，而不是资料的数量，精品化的信息服务以信息的内在质量为保证，应具有"广、快、精、准、新"等特点，要以高品质的服务满足社会用户需求。同时信息服务的内容是多方面的，几乎包括所有信息资源类型，进而信息资源的选择呈现出复杂性和多样性的局面。

3. 服务方式多元化、多层次化

现代图书馆是一个开放式资源体系，用户可以在任何一个地方通过终端以联网的方式查找所需信息。同时图书馆进一步扩大了自身对文献信息的收集存储和开发功能，随时在网上发布各种文献资源的消息，不断地向用户提供所需的信息和知识,对读者进行"引导"或"导航"。根据用户的不同需求,增设服务项目,推出新的服务产品,其服务方式是主动的、多元的以及多层次的。

4. 信息存取网络化、自由化

互联网的真正价值就在于可以通过网络来快速传递信息资源,这就是信息存取的网络化。网络化传播文献信息将成为现代图书馆信息传播的主要途径。它彻底改变了传统的信息提供和获取方式,将分散于不同载体、不同地理位置的信息资源以数字方式存贮,通过网络连接,提供即时利用,实现了真正的信息资源共享。现代图书馆信息服务系统中,大量经过整合的数字化信息资源可以不受时间和空间的限制,在开放的空间里顺畅、自由地传递。用户可以根据自己的特定需要自由访问那些适合自己的图书馆信息资源。

5. 服务手段网络化

现代图书馆的信息服务与传统的信息服务有所不同,首先是信息机构网络化,变单体为组合,多种多样的信息服务机构构成四通八达的信息服务网络。其次是信息资源网络化,变独享为共享,各信息服务机构致力于开发各种各样的专业数据库并将它们提供在网上,汇成信息十分丰富的网络信息资源。其三是信息服务网络化,变手工服务为网络服务,信息服务人员利用网络信息资源来满足用户资源需求,而且让用户参与信息的收集与研究。

6. 资源利用共享化

以数字化资源为基础,以网络技术为途径,实现跨越时空的资源共知共建共享,是人类实现共知共享全球信息的崇高理想。现代图书馆的资源共享使众多的图书馆能够借助网络来获取自身不具备的数字信息,同时也能够将自身拥有的数据信息提供给网络用户共享,从而尽可能地避免资源重复建设,可以极大地拓展信息资源的拥有量,最终使整个社会的信息获知能力得以提高。

7.服务环境开放化

在网络出现以前，图书馆建筑实体的围墙实际上界定了图书馆信息服务工作的范围。现代图书馆信息服务环境从封闭式实体馆舍转变到开放式数字空间，计算机网络将现代图书馆置身于广阔的信息空间里，最大程度地拓宽了图书馆信息交流与服务的空间，图书馆真正进入一个共建共享、共同发展的新阶段。

8.服务范围市场化、社会化

现代图书馆信息服务的服务范围与用户越来越市场化和社会化。面对市场经济和网络化社会，读者利用图书馆，不再限于单纯利用书目信息服务，获取所需文献的线索或从图书馆获取原文得到全程性、全方位的知识信息。网络技术的发展为读者提供了开放化信息需求的客观环境，加速了读者信息需求社会化的进程，信息产品已成为图书馆自立于信息社会和市场的一个标志。图书馆为了自己的生存和发展，必须走信息服务社会化之路，为广大的信息用户服务。

9.信息检索智能化

现代图书馆的检索技术不是采用传统图书馆中惯用的关键词及其逻辑组合的方法，而是通过智能式人机交互方式来检索信息。以知识为基础的智能检索方法，是数字图书馆在信息检索方法上的重大变革。读者可以通过自己的"自然语言"，不断地与系统进行交互，逐步缩小搜索目标，从而获取自己所需的文献资料。

（二）图书馆信息服务的方式

1.公共目录查询服务

目前大多数图书馆都提供了联机模式或WEB模式的公共目录查询服务，供读者通过网络查询本馆的馆藏书目信息以及读者的个人借阅信息。这是图书馆实现服务网络化的标志性、基础性的服务模式，也是应用最为普遍的网络化服务方式。

2. 建立图书馆门户或网站

网站作为图书馆提供各类网上信息服务的基础平台和服务窗口，是网络信息技术在图书馆服务领域的重要应用。目前，要想获得某图书馆的各种网上信息服务，通常是从登录该馆网站开始的。

3. 一般性读者服务

一般性读者服务主要是通过网站提供以下服务内容：①图书馆要闻。将图书馆的最新消息，如新引进的数据库、新提供的服务等信息发布在网页的醒目位置，帮助读者跟踪最新的服务动态。②图书馆概况。一般包括图书馆简介、馆藏状况、机构设置等内容。③读者指南。主要是在网站主页上设置读者帮助信息，包括开馆时间、馆藏布局、服务项目介绍以及常用软件工具下载、检索指南等辅助性内容。④读者意见及反馈。主要通过电子邮件、留言簿以及电子公告板（BBS）等方式实现。

4. 数字文献检索服务

此项服务是现代图书馆信息服务的核心内容和基础性服务模式，主要可通过供网上查询的各类数据库来实现。结合数据库的文献信息类型、载体形式和使用方式，可概括为以下几种主要服务方式：①光盘数据库网上检索服务。主要通过光盘镜像发布软件、WEB检索接口软件等，实现光盘数据库资源的网上检索利用。②网络数据库镜像服务。通过建立网络数据库本地镜像的方式，能有效地提高图书馆数字文献的网络检索服务质量。③在线数据库授权检索服务。通过购买数据库网络使用权，开展网络虚拟资源检索服务，已成为网络环境下文献信息服务的重要组成部分。④自建特色数据库服务。近年来，许多大中型图书馆都建立了特色文献数据库，用于提供网上查询服务。

5. 数字化参考咨询服务

随着信息技术的迅猛发展，图书馆正在兴起一种新型的信息咨询服务模式——数字化参考咨询（Digital Reference Service），也称为虚拟参考咨询服务（Virtual Reference Service）、网络参考咨询（Networked Reference Service）或在线参考咨询（Online Reference Service）。数字化参考咨询使得咨询工作不再受时间和空间的限制，它主要通过以下几种常见的服务模式向远程用户提供同步咨询、异步咨询和合作式咨询服务，随时解答用户的各类问题。数字化参考咨询服务包括：自助式咨询模式、电子邮件（E-mail）咨询模式、Homepage（信息咨询网页）模式、实时咨询模式、网络信息专家咨询系统模式以及网络合作咨询模式等。

6. 资源导航服务

结合用户需要，图书馆利用导航技术，帮助用户查找、鉴别和选用信息资源。如资源分类为浏览服务、新书导读、学科指南、数据库指南等。把常用的、重要的数据库地址或相关的信息资源预先汇集起来，或建立专业导航库，帮助用户从网上查找所需有价值的信息；同时，通过搜索引擎等各种检索工具，搜集、加工和整理网上各种有用信息资源，转化为用户所需要的特定信息，提供给用户。

7. 特色化服务

特色化服务主要包括：①电子文献传递、馆际互借服务。利用文献传递系统，与国内外的同行和有关部门建立同盟，实现文献传递的合作关系，向各自的服务对象提供电子文献传递服务，并通过电子邮件、传真、复印等方式传递给用户。②中间代理服务。如为用户提供科技查新、代查代检等服务。③学科导航。④新书评介、导读服务。⑤期刊目次通告服务。⑥多媒体信息服务等。⑦个性化服务。利用信息过滤、信息报送和数据挖掘等智能技术，针对不同用户采取不同的服务策略，提供主动服务，使用户通过尽可能小的力气获得尽可能好的服务。⑧多媒体信息点播。⑨基于学科馆员的知识服务。

8. 网络教育

网络教育是一种全新的教育方式，采用远程教学，利用多媒体技术，将课程教育、专题教育、普及教育等方式结合，满足用户教育的需求。

（三）图书馆信息服务模式

随着现代图书馆逐步发展和成熟，数字信息资源、信息服务系统和用户信息环境的发展与变化，其信息服务模式经历了一个由"馆员中心""资源产品中心"到"用户中心"的发展变化过程。

1. 馆员中心服务模式

馆员中心服务模式是一种从信息服务人员出发，并以信息服务人员为中心的服务模式。从图中可以看出，信息服务人员在这一模式中处于主动、主导和中心的地位，是信息服务工作的中心，一切工作以是否有利于服务人员开展服务工作为目的，而过少考虑信息用户的主动参与。用户自始至终都处于被动接受的状态，并不能主动地选择和参与信息服务产品的生产，只能坐等服务人员给他们提供产品，他们的需求在服务人员的信息服务工作中得不到充分的反映，因而也就得不到充分有效的满足。这种被动等待的信息服务模式很难适应现代图书馆信息用户的需求。

2. 资源/产品中心服务模式

资源/产品中心服务模式，是一种面向信息资源的，并以信息服务产品为中心的信息服务工作模式。信息服务人员通过对信息资源加工增值进而形成信息服务产品，并以某种策略与方式提供给信息用户使用。在这种服务模式中，服务活动的中心是信息资源与产品，关注的是信息资源的加工和服务产品的生产，服务人员较少去考虑信息用户的需要。此服务模式在各要素中突出服务资源、产品的地位，用户是客体，始终有求于图书馆，居于从属地位，信息服务人员的特定服务和信息用户的能动性遭到忽视。这是一种传统型的信息服务模式，在现代图书馆发展的初期阶段发挥了重要作用，但随着现代图书馆信息环境的变化与发展，此模式在数字图书馆信息服务中已经缺乏生机与活力。

3. 用户中心服务模式

用户中心服务模式，就是信息服务工作一切从用户信息活动出发，基于信息用户的信息需求并以用户信息需求的满足与问题解决为目标的信息服务工作模式。信息服务工作从信息用户出发，根据信息用户的信息需求与解决问题的信息活动的需要，以某种策略与方式生产用户需要的信息产品提供给信息用户，用户需求与问题在这个服务活动中得到彻底解决。用户中心服务模式充分注意到了现代图书馆信息服务活动各要素之间合理结合与服务系统功能得放大，特别强调了信息用户在信息服务活动中主观能动与参与作用，用户是这一服务模式中的主体。用户中心服务模式是当今与未来数字图书馆信息服务的主流模式。

（四）图书馆信息服务原则

信息社会对图书馆信息服务提出了更高的要求，文献的服务方式、服务内容、服务手段、服务范围、服务意识、服务模式等都发生较大的调整和转变。因此，我们应该遵循以下文献服务工作的原则。

1. 服务方式多样化

人类进入 21 世纪后，现代信息技术发展突飞猛进，传统馆藏内涵的扩充和数字图书馆的出现，对图书馆的传统文献服务工作方式提出了挑战。信息社会是以数据库信息技术为利用对象，以信息技术为手段，以电子文献的形式提供给用户的交互服务。文献信息传递具有多向性的特点，图书馆一对一、人对人的传递方式将一对几、几对人、几对几的情报型传递方式所替代。对一个图书馆的评价已不再局限于馆藏量、座位数等。而应评价图书馆通过多少种方式为读者提供了服务，以及提供各种服务的快捷性、能力和质量等如何。

2. 服务内容个性化

在信息社会,图书馆面对的将是建立在广泛基础上的需求日趋多元化、个性化的用户,图书馆要改变以馆藏为中心的传统服务模式。代之以藏用并重甚至以用为主,最终目标是针对每一个人和每一项特定任务,为特定的信息找到特定的用户,使信息发挥其最大效用。目前,基于网络环境的个性化信息服务模式已初露端倪,大体有词表导航、推送服务、信息传播服务等中介信息服务。图书馆员要密切关注网络环境下信息服务的发展和变化,及时掌握新技术,才能保证并满足用户个性化价值追求的需要。

3. 服务手段网络化

传统的文献服务手段是单一的。读者通过口头咨询或利用各种索引及文摘等检索工具检索到所需图书的有关信息。然后到借阅窗口索取文献,在阅览方面,也是只能提供现有的纸质文献,而且是只能自己去阅读。在其他方面,服务方式也比较缺乏。

在信息社会中,图书馆信息服务方式发生了根本性的变革,由传统的文献信息服务转变到网络化信息服务,出现了数据库、电子出版物、电子邮件等形式的多种服务手段。读者的咨询除了面对面、信函、电话外,还可以利用终端机通过网络进行信息远程查询,在网上进行交互式问答,通过电子函件进行服务,读者的检索可以随时随地在网上进行,查询范围也超越了馆藏的界限,可以利用整个网络世界的信息资源,提供网络查询服务将是图书馆服务的一个主要窗口。

4. 服务范围远程化

传统的文献服务工作总是处在一个特定的地域范围内,都有自己的特定服务对象,通常人们会按照"就近原则"选择离自己最近的图书馆。这种传统的服务方式存在两个弊端:一是少数图书馆拥有的信息资源一定有限,二是各图书馆服务读者的范围相对固定，不利于信息资源的进一步广泛传播和充分利用。而互联网的出现，使单个图书馆成为信息网络上的一个节点，人们可以在网络中使用全地区、全国、全球的信息资源，这样读者对图书地存取方式可以不受时空限制。

5. 服务意识超前化

文献服务意识强，图书馆发展就快。文献服务意识的强弱，对图书馆的发展起着不可低估的作用，而且服务与发展相辅相成。传统的文献服务观念落后。只求馆藏数量，不讲馆藏质量；重藏轻用，忽视信息传播。使图书馆服务大多仅仅停留在书籍报刊服务上。经济问题、管理问题及科技实用技术等方面所占比例较小。总的来说是宏观的多，主动服务的少，这些传统观念严重制约着图书馆的健康发展。

在信息社会和知识经济时代，服务意识超前化是图书馆加强文献服务工作首先要解决好的问题。图书馆文献服务人员必须积极更新观念，彻底改变旧思想，旧观念。一是要树立竞争意识，开拓创新，不被社会淘汰。二是要改变"重藏轻用"的观念，改变旧的一套封闭式的、守株待兔式的服务模式，去适应信息社会图书馆读者服务工作的需要。三是要改变"以我为中心"的思想，任何规章制度的制定，图书的采访，分类编目体系等都应照顾到读者的利益。

6. 服务模式集成化

集成服务是信息社会中图书馆提供文献服务的发展模式。所谓集成文献服务是指对于某一特定领域或某一特定用户的文献需求，把文献资源保障体系诸要素（功能要素，信息要素，技术要素等）有机地连成一个整体，使用户得到面向主题的文献服务。

二、图书馆信息服务体系的构成

（一）信息服务原则

信息服务原则是制定信息服务规则、构造信息服务流程的基本理念，它在整个信息服务体系中起着主导作用。

1. 个性化服务原则

最大程度地满足每个读者的个性化要求，从而与读者产生互动的个性化主动服务能真正体现以用户为中心，可以使读者产生归属感和认同感。另外，可以把信息服务对象按不同的标准进行划分，并根据其不同的特点确定最恰当的服务方式和内容。例如高校馆可按照读者身份划分为教师、学生、行政人员、外来人员等几大类服务对象；还可进一步按文化层次将学生细分为专科生、本科生、研究生等，然后根据各类读者需求的差异性做出分析，提供有针对性地服务，在统一的信息服务体系中体现不同的层面。

2. 易用性原则

实践证明，易用与可用是影响用户信息查询行为的两个重要因素。正如 Krug 先生在他畅销世界的书（*Don't Make Me Think*）里所说的：留住第一眼用户的法宝首先是"别让我思考！"。一个优秀的信息服务体系，是在设计业务流程时，应首先从方便用户使用出发，简化流程操作，强化系统功能，提供培训与帮助，消除阻滞因素，从而提高信息产品的利用率。

3. 协作服务原则

积极利用现代信息技术手段开展体系内协作、馆际间协作以便能整合优势资源，进行大规模、全方位、多层次、高效能的服务。

4. 合法性原则

图书馆开展信息服务应当保障公民自由获取信息的基本权利，同时不可违背相关法律法规，并从可靠性、系统性和完整性方面对信息质量把关，以使信息服务工作产生积极的社会效益。

（二）信息服务相关制度

1.组织与经费保障制度

图书馆信息服务体系作为一个整体，应有完善的配套制度。人员组织与资源是这个体系的基础，因而在馆际协作服务体系中应当由地区性协作中心制订相关制度，以形成约束力，保障体系的正常运转。

2.业务规范

联合协作的前提是遵循共同的规范。包括联合数据规范、通用接口协议、文献传递流程、联合咨询的轮值制度以及馆际互借的经费支付办法等等。

（三）信息服务系统

信息服务系统是图书馆进行信息服务的实体，包含以下几方面的内容：

1.资源

包含信息服务组织结构内一切馆藏文献、数据库、网络虚拟资源的总和。一次文献资源可通过购买、收集（如利用 SPIDER 进行的网络信息挖掘或手工搜索）等手段获取，通过地区性协作组织进行联合采购是充分利用有限经费的有效途径之一。同时还要注意二次文献资源的建设，如编制专题文摘和索引等。

2.组织结构

图书馆传统信息参考组织结构采用的基本是馆长—部主任—信息服务人员模式的直线制结构，工作人员以参考咨询部门为主体，机构较为简单，难以适应多样化的信息需求。以馆际互借服务为例，一个基本的业务流程，就涉及双方的信息咨询部（接收并处理互借请求）、技术部（开发维护馆际互借平台）、读者服务部（提供所需文献）、文献资源建设部（编制维护联合目录）等多个部门，任何一个环节出现问题，就会导致整个服务流程的阻滞。这就要求现代图书馆信息服务系统应当采取能纵横协调的多维多层的组织结构，方能使多项专门任务能在一个组织之内平衡协调地完成。

3. 信息处理平台

在信息技术高度发达的今天，建立起能在分布式环境下提供集成化服务的信息处理平台则是现代图书馆信息服务体系的必要手段，体现了"法"的因素。

（1）信息整合：从信息资源的构成看，大量资源来自不同的检索平台、多样化的语种和不同的访问权限，各类型资源的内容也存在着一定的交叉重复，导致检索时既需掌握多种系统的使用方法，又需要利用不同检索工具。重复使用各种检索策略，造成人力浪费和检索效率的低下，甚至出现人为的遗漏，使信息资源难以实现交互式的完全共享。要解决这些问题，应通过开放语言描述集成定制结构或流程，以分布式服务和开放描述支持对资源（如OPAC、各类型数据库、网络信息资源库、实时咨询知识库等）的动态搜寻、调用、解析和转换，通过开放链接进行数据对象的传递，从而使集成本身形成可解析、可复用、可伸缩、可扩展的知识源库，然后通过开放式协议对分布式信息资源进行有效的重组。

（2）信息分析评审：对于知识源库中的数据，经过动化技术聚类、内容提取后，还可由计算机系统自动分析或派发至咨询专家进行分析、评审，以确认其价值并提供给相应的用户。

4. 服务平台

网络信息服务大量的需求来自不同的读者类型、要求提供不同种类的资源、信息传递与推送也必须经过不同的途径，因而在实行服务时，需要从易用性原则出发，将模块化的服务平台（如终端用户检索软件模块、在线咨询交流软件、个性化服务定制与推送软件模块、快速物流传递系统等）集成在统一的用户界面上，使读者享受到快捷高效、交互型的一站式服务。以中国人民大学图书馆为例,其"数字图书馆个性化信息服务系统"集数字资源检索、个性化推荐、在线交互咨询服务为一体,读者可整合检索包含馆藏书目、馆内光盘数据库资源以及各种许可范围内的网络数据库资源;可直接进行续借、预约,在线阅读全文电子书,下载部分论文全文;自动根据用户填写的研究方向为用户推荐相应的图书论文资源,同时根据用户对资源的一些反馈信息来进行协同推荐;还可进行在线交互式咨询。

第三节 图书馆的管理服务体系

在我国,对于图书馆管理定义的认识,是随着国外管理学理论和方法的译出,以及图书馆管理实践的深化发展而逐渐完善起来的。

一、图书馆管理

图书馆管理是研究图书馆活动及其规律的科学。它是管理科学应用于图书馆而形成的,是现代图书馆学的一个重要的分支学科。主要研究各个图书馆的管理活动以及对众多图书馆乃至整个图书馆的管理。

(一)图书馆管理的含义

关于图书馆管理更为明确的含义至今还没有一个确切的叙述,国内外学者的看法也不尽相同。国内许多学者给图书馆管理下的定义至今尚未取得学术界统一代表性的定义。

倪波、荀昌荣认为:图书馆管理是指应用现代管理学的原理和方法,合理组织图书馆活动,有效地利用图书馆的人力资源和物质资源,发挥其最佳效果,达到其预定目标,并在此过程中不断地审理改进,最终圆满完成任务的过程。

黄宗忠认为:图书馆管理就是通过计划、组织、指挥、协调和控制等方式,最合理地使用图书馆系统的人力、财力、物质资源,使之发挥最大作用,以达到图书馆预期的目标,完成图书馆任务的过程。

吴慰慈认为:图书馆管理是对图书馆的文献信息、人力、财金、物质资源,通过计划、决策、组织、领导、控制和协调等一系列过程,来有效地达到图书馆的目标。

原国家教委高教司《图书馆管理学教学大纲》提出:图书馆管理是指以图书馆发展的客观规律为基础,遵循管理工作的内容与程序,建立优化的管理系统,合理配置和利用图书馆资源,实现其社会职能的控制过程。

图书馆管理是把图书馆的文献信息资源、用户、馆员、技术方法、设施等分散的要素联系起来构成一个有机的整体。没有管理,就不能开展图书馆的活动,更谈不上图书馆工作质量与效率,达不到图书馆预期目标,完不成图书馆任务。这种管理活动既包括信息资源的管理,也包括图书馆人力资源、物质资源、财金资源的管理。图书馆管理者必须平衡四者之间的关系,不能厚此薄彼。

图书馆管理既不是指图书的管理,也不是指图书馆的具体业务工作。与图书馆管理相关的图书馆管理学,则是研究图书馆管理的基本理论、管理过程、管理方法、各种具体管理和图书馆管理走向的学科。它是图书馆学的一个分支学科,是管理学在图书馆管理实践中的应用。图书馆管理是遵循图书馆工作的客观规律,通过计划、组织、协调、指挥等手段,合理配置和使用图书馆资源,以达到预期目标,满足用户知识信息需求的一种形式。

我们认为图书馆管理是对图书馆的资源,通过一定的科学手段而实施行为过程的目标活动。它包括微观管理和宏观管理两个部分,微观管理是对于个体图书馆的管理。宏观管理则是对社会图书馆事业体系的管理。在当今的信息时代,抓住时代特色,全面运用现代管理理论,用以指导现代图书馆的全部活动,提升现代图书馆管理水平的整个过程。

（二）图书馆管理的特征

作为一种特殊的社会实践活动，图书馆管理具有一般社会实践所共有的客观性、能动性和社会历史性等特性，这些特性在图书馆管理中有其具体的表现方式。整个实践的特性对于不同的实践活动来说是一种共性的东西，而具有这种共性的各种实践活动又表现出不同的特性，因此图书馆管理具有以下几个主要特性：

1. 总合性

所谓图书馆管理的总合性，从空间上来说，就是它贯穿在所有图书馆活动中，存在于图书馆活动的所有方面和所有领域，凡是有图书馆活动的地方，就有图书馆管理人员的存在。从时间上来说，它与图书馆共始终。在中国商代，不仅有藏书之所、掌书之人，而且还有管书之法。商代设史官掌管藏书，虽然这一时期尚未形成书籍分类和编目体系，但对藏书的管理已存在一定之法。商代史官在甲骨片编连成册之后为便于查找，在贮藏中采用标签形式将其标识。随着信息技术的发展，图书馆的形态可能会发生一些变化，传统的纸质图书馆可能会逐渐淘汰，虚拟图书馆、电子图书馆、数字图书馆或网络图书馆将登上历史的舞台。但我们认为，只要还存在图书馆活动，不管其形式如何，仍然离不开管理。因此，在图书馆发展的长河中，管理是无处不在、无时不有的一种社会活动，它在图书馆系统中横穿各个层次，涵盖一切领域，具有综合性。

2. 依附性

任何图书馆管理都必须依附于一定的图书馆业务工作，它的全部实际内容和具体形式不能离开其他业务活动而单独存在，因此图书馆管理总是对某种业务活动（文献采选、分类编目、书刊借阅、参考咨询、文献检索、情报研究等）进行的管理。图书馆管理的这种依附性主要表现在：图书馆管理的目标必须依托于具体的业务活动才能实现，图书馆管理的过程总是伴随着其他业务活动的进行而展开的，图书馆管理的结果则总是融合在其他业务活动的成果之后。

也就是说，图书馆管理必须以其他某一种、某几种或全部业务活动作为自己的"载体"。

3. 协调性

所谓协调性是指调节和改动各种管理对象之间的关系，使他们能相互适应，并按照事物自身固有的规律性在整体上处于最佳的功能状态。图书馆管理与其他业务不同：

首先，从活动的对象来看，一般业务活动总是以某个特定的具体事物作为自己的对象，如文献采取以图书馆未收藏的新书、新刊、新报、新光盘等文献载体为对象，分编工作以图书馆已采购回来的新文献为对象，咨询服务以读者为对象等。但是，图书馆管理在一定意义上却是以图书馆系统的各种业务活动为自己的对象，是对这些业务活动之间的关系以及这些业务活动内部的各种因素之间的关系进行协作的活动。因而与各种业务活动相适应，就有协调这些活动的采选管理、分编管理、借阅管理、咨询管理等形式出现，这些管理活动通过协调各种业务活动而间接的对它们起作用，从而改变它们的存在状态。

其次，从活动的任务来看，一般的业务活动都有自己特定的具体任务，它们或者是为了购买本馆读者所需要的文献，或者是为不改变文献的形式特征、或者是为了将读者所需要的文献传递给读者，或者是对读者进行信息采集技能培训，或者是为读者提供咨询课题的解答方案等。然而图书馆管理的任务却是"协调个人的活动，并执行生产总体的运动不同于这一总体的独立器官的运动而所产生的各种一般职能"。也就是说，图书馆管理的主要任务是协调人们之间的关系和利益，协调人们活动的状态和过程，使图书馆各种业务活动的因素建立某种有序的优化结构。所以，图书馆管理是一种柔性的社会活动，图书馆管理者一般并不直接从事情报产品的生产或信息服务工作，它主要是通过协调各种业务活动的内外关系，特别是馆员之间的关系以及馆员和读者之间的关系，使各种要素、各种环节的共同目标最有效地满足读者的信息需求的指引下，消除彼此在方法上、时间上、力量上或利益上存在的分歧和冲突，统一步调，使图书馆的各种业务活动实现和谐运转，成为一个有机的整体。

4. 组织性

图书馆管理的组织性，一方面指的是图书馆管理活动总是通过一定的组织（如学校图书馆、科学图书馆、企业图书馆、公共图书馆、工会图书馆等）进行的，这种组织是由进行管理活动的人所组成的一个有序结构。组织既是管理的主体，任何图书馆管理都是由一定的组织机构（即特定的图书馆）进行的；同时，组织又是管理的对象，因为任何图书馆管理都是对一定组织（即特定的图书馆）的管理，所以孤立的个人，离开了一定组织的人，是无法进行图书馆管理的。另一方面，它指的是图书馆管理活动本身就是一种组织活动，这种组织活动把分散的资源如人力、物力、财力、信息等资源组合起来，形成一个稳定的、能够不断根据客观环境的变化而进行物质和社会双重结构调整的过程。这种组织过程既把各种离散的、无序的事物结合成一个相互连接、相互制约的管理组织系统，这是图书馆管理活动得以进行的物质和社会实体；同时又能不断地根据变化的外部和内部情况，对管理活动的各种要素之间的关系进行调整，以寻求相适应的物质与社会匹配关系，使图书馆系统朝着管理的目标去发展。前者指的是静态的组织性，它表现为一种有序的组织形式；后者指的是动态的组织性，它表现为一种能动的组织方式。图书馆管理的组织性是图书馆管理最基本的特征，也是其他特征存在的内在依据。

5. 变革性

管理在本质上是变革活动，是使人获得真正自由的活动。管理的特点就是变革——迅速的、不断的、根本的变革。图书馆管理也不例外。从现象上看，图书馆管理有保守的一面，它要维持图书馆系统一定程度的稳定，要用一定的原则、规章制度管理图书馆的成员。但是，保守性、束缚性只是图书馆发展的手段，因而是暂时的、相对的。稳定是运动的一种特殊状态，因此，图书馆系统中的人、财、物、信息等要素是不断变化发展的,图书馆系统外部的经济、政治、文化、科技等环境也在不断变化。要实现对图书馆的真正有效管理,目标和计划就要反映对象的变化,协调活动就是要使系统内外因素的配合在变动中定向合理,要不断通过信息反馈实现对图书馆的动态控制,要根据图书馆的发展改变失去合理性的规章制度。可见,图书馆管理的变革性是由图书馆本身的活动决定的,具有客观性。图书馆管理的变革性更重要地表现为其发展演变。图书馆管理是一种主观见之于客观的活动,它要反映图书馆的变化,不仅要反映图书馆现在的变化,而且要反映图书馆变化的趋势,还要反映趋势的转变,这一切只有通过科学预测、设立目标、制定计划、完善组织、实施控制等一系列动态管理活动反复循环才能实现。

6. 科学性

图书馆管理的动态性并不意味着图书馆管理没有规律可循。虽然图书馆管理是动态的,但还是可将其分为两大类:一是程序性活动,二是非程序性活动。所谓程序性活动,就是指有章可循,照章运作便可取得预期效果的管理活动,如制定读者服务工作中的各种规章制度,制定人员管理工作中的录用、奖惩、培训等方面的条例,制定行政管理的各种规章制度,制定后勤管理的各种规章制度等等。所谓非程序性活动,就是指无章可循,需要边运作边探讨的管理活动,如建造新馆、建设图书馆自动化系统、图书馆组织机构的调整、复合图书馆的设计等。这两类活动虽然不同,但又是可以转化的。实际上,现实的程序性活动就是以前的非程序性活动转化而来的,这种转化的过程是人们对这类活动与管理对象规律性的科学总结,图书馆管理的科学性在这里得到了很好的体现。此外,对新管理对象所采取的非程序性活动只能依据过去的科学结论进行,否则,对这些对象的管理便失去了稳定性,而这本身也体现了图书馆管理的科学性。

由于图书馆管理对象分别处于不同系统(如科学院系统、文化系统、教育系统、工商企业系统等）、不同部门（如采访部、编辑部、流通阅览部、典藏部、参考咨询部、研究辅导部、信息技术部、特藏部等）、不同环节（如出纳台借还、书库整理）、不同的资源供给条件等环境中，这就导致了对每一具体管理对象的管理没有一个独立的完全有章可循的模式，特别是对那些非程序性的、全新的管理对象更是如此。因此，图书馆具体管理活动的成效与管理主体管理技巧的成熟程度密切相关。事实上，管理主体对管理技巧的运用与发挥都体现了管理主体设计和操作管理活动的艺术性。另外，由于在达成图书馆资源有效配置目标的过程中，可供选择的管理方式、手段多种多样，因而如何在众多可供选择的管理方式中选择一种合适的用于现实的图书馆管理之中，也是管理主体进行管理的一种艺术技能的体现。

二、图书馆管理的对象

图书馆管理的对象有三大部分：人力资源管理、物力资源管理和财力资源管理。人力资源管理包括图书馆员工管理和读者管理；物力资源管理包括图书馆的文献信息管理、图书馆的建筑和设备管理以及技术方法管理；财力资源管理指图书馆的各项经费开支以及各种经营性收入管理。

（一）图书馆人才资源管理

1. 员工管理

图书馆员工是图书馆连接文献信息与读者的纽带，是图书馆活动的管理者和组织者。图书馆工作效益的高低和社会影响的好坏取决于图书馆的员工，所以图书馆员工是管理的主体要素。图书馆的员工分为图书馆专业人员、图书馆技术人员和图书馆行政人员三大类。管理者应通过定岗、定员、考核、选举、激励等多种形式，激发员工的积极性和创造性，调动他们的潜力，使员工的聪明才智得到充分展现，努力做到人尽其才、各得其所、各获其荣。

2.读者管理

读者又称为"用户",是图书馆的服务对象。图书馆因读者而存在,读者的存在和需要是图书馆生存和发展的动力。由于图书馆读者人群的复杂性、多变性和信息需求的多样性,读者管理成为图书馆管理中最活跃的要素。管理者必须树立"读者至上"的思想,一切管理工作都以用户文献信息需求为出发点和归宿,最大限度地满足读者日益增长的知识信息需求。

(二)图书馆物力资源管理

1.文献信息资源

图书馆的文献信息资源统称"图书",是图书馆的"立身之本",也是图书馆存在的前提条件,是图书馆系统中最基本的要素。它是根据图书馆的性质、任务和方针,以及特定读者人群的文献信息需求,经过长期日积月累而形成的文献信息体系。图书馆的文献信息资源随着科学技术的发展,载体越来越丰富多样,有印刷型资源、缩微型资源、声像资源、电子资源和网络资源等。对这些资源进行管理既要确保文献信息资源的系统完整,又要便于读者对文献信息的充分利用;既要着眼于馆藏的特色建设,又要做好资源的共建共享。

2.建筑设备

建筑设备又称"设备",是图书馆生存的物质条件。传统图书馆设备包括:建筑、书架、目录柜、阅览桌椅等。现代图书馆设备,除了传统图书馆设施以外,还包括许多现代化技术设备,如视听设备、复印设备、缩微阅读设备、传真设备、文字处理设备、图书馆计算机自动化系统、图书馆消防安全系统、中央空调系统、局域网以及互联网接口等。这些设备可分为两大部分:一部分是围绕着业务工作而产生的现代化技术设备系统;另一部分是为业务主体服务的行政后勤服务技术设备系统。

3. 技术设备

图书馆的技术设备，以自动化系统为核心，由计算机软件系统、硬件系统和数据库三大部分组成。随着科学技术的发展数字化图书馆的出现，信息设施、信息资源、信息人员的智力将融为一体，图书馆的自动化系统会越来越接近完善。图书馆的建筑设备将会随着这些技术方法的运用而发生很大的变化。为此，图书馆的管理者应用战略的眼光去规划和建设图书馆文献信息服务技术设施体系，为信息资源体系的形成、维护、发展以及开发利用提供条件。

（三）图书馆财力资源管理

图书馆的财力资源主要来源于政府对图书馆的捐款，以及社会各界对图书馆的资金投入。图书馆的经费开支主要用于购置各种载体的文献信息资料、业务活动开支、行政管理费用、员工工资、设备维护费等。经费预算是图书馆经费管理的一项基础工作，在预算的实行过程中，应该有严格的经费结算制度。管理者应通过核算执行情况，为经费管理提供相关信息。在经费管理过程中，应加强财务制度，严格执行有关的财务制度和规范，通过严格的财务制度管理图书馆的经费，以最低的成本产生最大的效益。

三、图书馆管理基本要求与内容

（一）图书馆管理基本要求

现代图书馆管理的基本要求是管理规格化，劳动组织合理化，工作人员专业化，业务工作计量化。具体地说管理规格化是指有完善的规章条例和业务标准，所以图书馆管理的规章条例化和业务技术标准化是规格化的两大内容。劳动组织合理化是指以最经济的人力取得最佳的工作效果是图书馆合理的劳动组织所要达到的首要目标，为了实现这个目标，必须：①根据本馆的性质和具体任务，以节约人力、方便管理、减少层次、提高效率为原则，合理建立业务机构；②根据本馆收藏的文献资料的类型和用户需要的特点，科学地划分工序和工作范围；③建立岗位责任制，明确规定职责范围，让每一个部门和每一个工作人员都承担起应负的责任，做到各负其责，各尽其力。工作人员专业化是指培养一支合格的专业化队伍，是实现图书馆管理目标的必要措施。图书馆工作人员的专业化包括两个方面：一是必须具备图书馆学、信息学的基本知识和图书馆工作的基本技能；另一个是向文献信息工作专门化的方向发展。业务工作计量化是指建设一套系统的图书馆管理统计制度。统计数据能够反映图书馆的基本情况，是改进工作、提高服务质量的重要根据，对于图书馆实行科学有效的管理可以起到"耳目"和"参谋"的作用。

（二）图书馆管理内容

现代图书馆管理是通过决策、计划、组织、控制、协调共同实现的。各环节之间不是相互割裂的，而是相互联系、相互制约，共同作用于管理活动的全过程，形成了图书馆管理的特定内容。

1. 决策

任何图书馆系统及其所属的子系统的管理过程，都离不开正确的决策。图书馆系统的决策，主要包括：图书馆发展方针、政策、战略方法的选择；各项业务工作的决策，如采集文献品种与复本数量的决策，分类法的选择，馆藏划分最优方案的选择，排架方式的选择，开架与闭架方式的选择等等。人事方面的决策，包括人员治理结构的确定，人员更新与培训的方式，奖惩制度的制订等等。财务、设备方面的决策，包括经费及其合理分配，设备、用品的选择等等。

2. 计划

这是管理过程中的一个十分重要的因素。计划是一种预测未来、确定目标、决定政策、选择方案的连续过程，是图书馆各项活动的方针，图书馆系统的各方面决策都是要通过计划去实现的。图书馆计划包括两个基本方面：一是国家图书馆事业发展计划，二是个体图书馆的发展计划。

计划是由定额、指标、平衡三部分组成的。各项定额是发展计划的基础，计划的内容和任务则体现在指标上，计划就是综合平衡，平衡是基本手段和工具。国家图书馆事业发展计划是各项计划的集合，一个馆的总体计划是本馆内各个部门计划的集合。在制定各项计划时，应明确该项计划的主要任务及其在总体规划中的地位和功用，认真选取衡量该计划发展水平的主要指标，规定发展的规模和发展速度，突出发展重点，规定适当比例，注意各计划之间的协调。

3. 组织

组织指对各项活动所需的资源加以组合，建立组织的活动与职权间的关系的过程。组织是发挥管理职能、实现管理目标、完成计划的保障。组织工作是一个分工的行为，同时又是一个组织各方进行协作的行为。组织工作还包括人事工作，即为组织工作过程中设置的工作岗位配备合适的职工人选。因此，在图书馆管理系统中必须要有完整的组织机构，明确各个工作岗位的职责，确立各级人员之间的相互关系，做到职责分明，权责结合。

4. 领导

领导工作是影响人们为实现组织的目标而努力。包括激励和领导的方式方法、沟通等问题。图书馆要建立合理领导层的群体结构，注重选拔主导型人才，重视领导者群体的智力构造，加强领导者之间的团结协作。图书馆的领导应当注意在正确运用合法权力、奖励权力之外，还要学习和掌握图书馆专业知识和管理知识，不断完善本人各方面的素质，增强自己的专家权力和个人影响力。

5. 控制

这是按既定的工作计划、标准去衡量各项工作成果，并纠正偏差，使工作按计划的方向进行。所以，控制不仅是对现有工作成果的评定，更重要的是认识和判断工作发展的趋势并为改正工作提供信息反馈。可以说，没有良好的信息反馈，图书馆就无法对自己的各项工作进行有效的控制。这是因为控制的功能是通过输入、中间转换、输出、反馈四个环节实现的。

6. 协调

协调是管理过程中不可缺少的环节，它可以使图书馆事业的建设或一个图书馆的各项工作趋向和谐，避免出现矛盾和脱节现象。图书馆的协调，从微观角度看，指的是图书馆内部纵向和横向的协调。纵向协调，就是要保持图书馆各层次子系统的上下平衡；横向协调，就是要保持图书馆系统各层次彼此之间的协作，以避免各个工作环节和各个部门之间发生脱节或失调的现象。图书馆的协调，从宏观角度看，是指与图书馆外部的协调。这种馆际之间的协调，也分为纵向层次的协调和横向层次的协调。纵向层次的协调指的是本系统图书馆从上至下的协调；横向层次协调指的是本图书馆系统方针、任务与其他图书馆系统的协调。

四、图书馆管理的基本原则与意义

（一）图书馆管理的基本原则

1. 集中管理

集中管理是我国图书馆事业管理的重要原则。集中管理包括两个方面的内容：一是指图书馆事业建设要有集中统一的管理，以便协调全国各系统、各地区图书馆的工作，有计划地规划全国图书馆事业的发展，组织全国性的图书馆事业网；二是指图书馆业务技术工作的集中管理，即实行图书馆业务技术工作的标准化，其中包括统一分类、统一编目、统一数据存储格式和统一信息交换标准等。

2. 民主管理

民主管理是我国图书馆管理的又一重要原则。所谓民主管理，就是吸收图书馆工作人员和用户代表参加图书馆的管理工作，图书馆可以建立有馆员和用户代表参加的民主管理组织。建立这个组织的目的是提高图书馆的管理水平，它在图书馆管理中起着参考作用，其任务是：①对图书馆工作提出合理化建议和改进意见；②督促图书馆工作计划的执行；③对专业人员的安排和使用提出建议；④对领导干部的工作进行监督等。

3. 计划管理

这也是我国图书馆管理的重要原则。图书馆的计划管理就是要发挥工作计划在管理过程中的作用。工作计划是根据客观实际情况和工作任务的计划，预先确定开展工作的目标、措施和步骤以及方法等等。工作计划可以分为全馆计划、部门计划或某一项工作的专门计划。制定工作计划必须从实际出发，留有余地。在执行计划的过程中要随着客观情况的变化对计划做出适当的修改。如果工作无计划，就无法有效的组织业务活动。因此，正确地制定和执行各种工作计划是图书馆管理中不可缺少的环节。

4. 注重经济效果

注重经济效果就是要研究如何合理地使用人力和经费，最充分地发挥图书馆各种设备的能力，建立最优化的文献信息资料收藏系统和服务系统，以及与之相适应的各种科学的规章制度和条件。要力求用最少的经费补充用户最需要、最有使用价值的文献资料，用最经济的劳动加工整理各种文献信息，用最快的速度为用户提供各种资料，并使图书馆的各种设备最大限度地发挥作用，从而保证图书馆各种活动的最大效果。这些应该是图书馆管理所追求的目标。人力、物力、财力和时间的浪费以及无效劳动，都是与图书馆管理的原则不相容的。注重经济效果，应当成为图书馆管理的一项基本原则。

（二）图书馆管理的意义

1. 图书馆管理是图书馆事业具有全国规模的需要

图书馆工作是在科学发展和社会进步的推动下不断向前发展的，它自身同样经历着既分化又综合的过程。在科学文化信息交流中分化出图书馆系统，图书馆系统又分化成各种子系统和二级子系统，这些子系统和二级子系统又相互依赖，相互制约，不可分割，共存于图书馆系统的统一体中，共同完成向社会提供文献信息的任务。

随着人类社会的进步和科学文化的发展，图书馆的数量不断增多，类型也不断增加，同用户的联系面更加广泛。这说明图书馆已不是孤立单个的存在，而是一个社会的有机整体。因此，需要通过管理图书馆与图书馆之间、图书馆与用户之间的联系。

图书馆事业是由各种不同类型的图书馆组成。要使具有全国规模的图书馆事业布局合理，使之协调而又有计划的发展，必须对全国图书馆事业实行科学有效的管理，以便把丰富的文献资源当作全社会的共同财富，有效地加以开发和利用。

2. 图书馆管理是有效利用信息资源的需要

信息广泛存在于自然界和人类社会中，包括自然信息、社会信息、生命信息和机器信息。对于人类来讲，每时每刻都在传递和接收着大量的信息，其核心是知识。信息是动态的概念，它只有在流通中才能发挥作用。只有运用科学的方法进行管理，信息的价值才能得到有效的体现。

当前社会中，文献是主要的信息来源之一，是信息存在的一种物质形态。在文献量激增的当代社会，要求图书馆对数量庞大、内容复杂的文献资料进行准确地挑选和科学地整理加工，以便及时将信息传递到用户手中，没有对文献信息资源科学有效的管理是根本不可能做到的。所以科学有效的管理是有效利用信息资源的前提。

3. 科学有效的管理是实现图书馆工作现代化的需要

图书馆组织管理的有效性和科学性、既是图书馆工作现代化的需要，也是实现图书馆工作现代化的基础。没有图书馆组织管理的科学化，也就无法实现图书馆工作的现代化。例如，要建立起拥有先进的技术和设备、能够迅速准确的将文献信息资料传递到用户手中的信息网络，就必须加强对图书馆工作和图书馆事业的科学有效管理。没有科学有效的管理，不提高图书馆管理的水平，即使有了先进技术和设备，也无法充分发挥作用。现代化信息网络的建设及其作用的发挥，不仅取决于现代化的技术和设备，而且还取决于图书馆管理的水平。

第三章 图书馆的服务管理

第一节 图书馆服务"五原则"

美国图书馆学家谢拉说,"服务,这是图书馆的基本宗旨"。服务是贯穿图书馆发展的主线,是图书馆的核心价值观的体现。图书馆现代化发展的最终目的就是提供更好的服务。同社会上其他行业的服务相比,图书馆服务有着根本的原则及内涵。图书馆服务所遵循的原则可分为五大方面:开放原则、方便原则、平等原则、创新原则和满意原则。

一、开放原则

图书馆自诞生之日起,从封闭到局部开放再到全面开放,经历了漫长的过程。开放服务已成为现代图书馆的重要特征。开放原则是图书馆服务的首要原则,开放是服务的前提,没有开放便无服务可言。现代意义上的图书馆开放,是一种全面开放,包括资源开放、时间开放、人员开放和馆务公开。

(一)资源开放

即把图书馆的所有馆藏资源(包括实体馆藏和虚拟馆藏)和设施向读者开放。资源开放的内容及要求有:(1)所有馆藏全部开放利用;(2)尽最大努力实施开架借阅;(3)经常进行馆藏宣传(如新书通报);(4)馆与馆之间相互开放资源,实现资源共享;(5)馆内所有设施(如书库、展览厅、视听室等）向读者开放；（6）全面展示馆藏，健全检索体系等等。

（二）时间开放

即最大限度地延长读者利用图书馆的时间。一些发达国家的公共图书馆，不仅要保证天天开馆，而且还要保证从早晨至午夜的开馆时间。图书馆服务的时间开放要求做到：（1）节假日和公休日不闭馆，即"图书馆无休息日"；（2）馆内开展任何公务活动都不影响正常开馆；（3）保证开馆时间的完整性和连续性，避免出现中断。

（三）人员开放

即图书馆不分国籍、种族、年龄、地位等，向所有人开放。图书馆不仅仅是一个阅读场所，也是人们观光、交谈、休闲、娱乐的场所，是具有综合功能的社会文化中心。图书馆服务在文化层面上存在不可替代的价值。图书馆服务增进了人与人之间的感情联系，也提供了人们相互交流的场所，正如荷兰鹿特丹市图书馆馆长舒茨先生所说"不少读者来到图书馆，并不一定是为了想看某一特定的东西，而是随便浏览一下，看看有什么值得一看的东西，或者只是来会会老朋友，他们把图书馆当成了第二起居室"。"图书馆向社会上所有的人开放"应成为现代图书馆服务最具吸引力的所在。

（四）馆务公开

即凡是与读者服务有关的决策（如有关制度、规定、做法等）过程及其结果向读者公开。馆务公开既是图书馆决策民主化的需要，也是图书馆服务取信于读者的需要。实行馆务公开要做好几方面工作：（1）制定馆务公开制度。对需要公开的事项、公开的时间、公开的方式等，做出明确规定，使其制度化；（2）建立读者参与管理、参与决策的机制。凡是与读者利益相关的事情，都应事先征求读者意见，并在可能的情况下让读者直接参与决策过程。为此应设立"读者监督委员会"之类的非常设机构；（3）公开读者监督途径。如公开读者监督电话（首先应公开馆长电话），设立读者意见箱，公布领导接待读者日等;(4)公开接受读者评价。图书馆服务工作的好坏,其主要评价主体应该是读者,"读者是否满意"是衡量图书馆服务工作好坏的主要标准。在组织图书馆评估时,应设有"读者满意程度"指标,并使这一指标在整个评估现代图书馆服务指标体系中占有足够的分量。

二、方便原则

图书馆服务中的方便原则亦可称"简便原则""便利原则"或"省力原则"。为服务对象提供方便,是任何一种服务都共同追求的目标。不能提供方便的服务注定不会受人们欢迎,甚至被抛弃。方便是服务的本质,是服务的核心。图书馆服务中的方便原则,主要体现在:馆舍位置要方便读者;资源组织要方便读者;服务设施要方便读者;服务方式要方便读者。

(一)馆舍位置要方便读者

网络条件下,"图书馆离我有多远"问题已变得不那么重要,但是"去图书馆是否便利"仍是许多读者关心的问题,因为亲身到图书馆享受恬静、舒适、典雅环境的惬意感受,是网络环境所不能提供的。网络环境再发达,也不可能取代作为物理场所的图书馆。既然图书馆是人们向往的理想去处,就应处于便利的位置。

(二)资源组织要方便读者

从知识组织论的角度看,图书馆是组织文献信息资源的社会组织,图书馆的资源组织方法,要遵循两个原则:一是文献保障原则,即要全面搜集和充分揭示文献信息资源;二是读者保障原则,即要根据读者需求组织资源。读者保障原则要求图书馆按照方便读者检索利用的原则组织资源。

首先,在馆藏资源的物理载体组织上要方便读者利用。这就要求图书馆在馆藏资源的空间布局上最大限度地拉近读者与资源之间的时空距离。其做法诸如:(1)书库和阅览室采用大开间格局,所有书库和阅览室安排在同层或临层位置，采用藏、借、阅一体制度，以此缩短读者在馆内的走动距离；（2）实行开架借阅；（3）设立新书架，新书到馆后分编加工之前先投入流通（国外图书馆大都采用此法），以此缩短读者与资源之间的时间距离。

其次，馆藏资源的内容组织要方便读者利用。图书馆要建立完善的馆藏资源检索体系，力争达到"一索即得"的效果。"检全率"和"检准率"就是衡量检索系统质量的标准。用"检全率"和"检准率"衡量检索系统的质量，有一个缺陷："检全率"和"检准率"只考虑了检索的最终结果，而没有考虑检索过程"省力"的问题。检索过程是否"省力"是影响读者是否愿意使用某一检索系统的极其重要的因素。正如著名的穆尔斯定律所言：如果一个检索系统使用它比不使用它更麻烦、更费力的话，这个系统便不会被使用。这就说明，一个检索系统不仅要讲究科学性，而且还要讲究方便性。数字图书馆条件下的机检系统的方便性主要表现为检索界面的易操作。易操作的理想境界就是"傻瓜性"，使那些不懂或不甚懂计算机操作的人们能运用自如。数字图书馆能够吸引人的一个重要原因，是它具有方便于读者使用的资源组织系统。

（三）服务设施要方便读者

服务设施要方便读者，应在建筑格局和家具摆设上考虑读者利用的方便性。

（四）服务方式要方便读者

在服务方式上方便读者，一要贴近读者，二要从细微处入手。

深入社区或街区设立分馆，是图书馆贴近读者、方便读者的有效服务方式。重视并满足读者的个别需求，也是图书馆贴近读者、方便读者的有效形式。

千方百计减少对读者的限制，是方便读者不可或缺的重要方面。

从细微之处方便读者，让读者感到方便无处不在。

服务方式灵活多样，也是方便读者的重要措施。

三、平等原则

图书馆是体现人类自由与平等理想的圣地。"图书馆面前人人平等"是图书馆界的"人权宣言"。图书馆服务中的平等原则,要求图书馆以博爱精神关爱每一个读者,尊重每一个读者,坚决维护读者的合法权益。

在图书馆服务中遵循平等原则,就表现为对读者权利的充分维护。根据国家的有关法律和图书馆的实际情况,图书馆读者应享有的权利至少有以下几个方面:平等享有取得读者资格的权利;平等享有阅读的权利;平等享有个人人格和隐私不受侵犯的权利;平等享有提出咨询问题的权利;平等享有参与和监督图书馆管理的权利;平等享有遵守图书馆规章制度的权利和义务;平等享有提出合理化建议的权利;平等享有接受安全、卫生等辅助性服务的权利;平等享有对图书馆工作进行评价的权利;平等享有自己的合法权益受到侵害时提出改进、赔偿或诉讼的权利。

只有充分维护和保障上述读者的权利,图书馆服务中的平等原则才能得到贯彻。"读者的权利不可侵犯"应成为所有图书馆人牢记的职业信念。

四、创新原则

图书馆服务创新,包括理念创新、内容创新、方式方法创新等多方面的内容。

(一)理念创新

先进的服务理念是创新的基础。当前,图书馆服务创新应重点打造三个方面的理念。

1. 服务是一种品牌

专家指出,"如果一个图书馆能够通过自己的某种独特性,或一定的规模和馆藏,或某一信息产品,或某一特色服务,在同一行业中形成差别优势,那么,这种优势就是品牌"。我国深圳图书馆的剪报服务和上海图书馆的导入 CS（客户满意）管理与服务，可称之为是一种品牌。品牌化服务突出的是服务的特性与特色。特色馆藏、特色服务、特色活动、特色环境等都可形成图书馆特有的品牌。

2. 服务是一种文化

图书馆服务具有其独特的规范和价值观，这些规范和价值观的总和就是一种文化——图书馆文化。图书馆特有的知识底蕴、特有的人文环境、特有的行业规范和特有的价值追求，都衬托着图书馆服务的文化品格。这种文化品格象征着图书馆服务的高尚与高雅、神圣与光荣。

3. 服务是一种获得

图书馆服务是为了获得知识在传递中的轨迹，是为了获得提高公民素质的价值，是为了获得读者需求被满足的效果，是为了获得人生价值在实现的喜悦。图书馆服务赋予图书馆人以高尚的荣誉、真诚的尊敬、奉献的欣慰、清苦的价值和文化人生的伟大。

（二）内容创新

从图书馆服务发展趋势看，图书馆服务的内容急需拓宽。其主要趋势是加大信息服务和便民服务的内容。在信息服务方面，主要是加大网上信息导航服务内容。在便民服务方面，提高为社区服务的力度，其内容包括职业介绍、购物指南、技能培训指南、市政服务咨询、家政服务咨询等等。在文献信息服务方面也需要创新，主要是加大参考咨询服务的力度，努力从文献服务向知识服务演进，提高图书馆服务的知识含量。

（三）方式方法创新

方式方法创新就是改变以往单一的馆藏文献的外借与内阅服务模式，利用现代网络平台，提供各种数据库服务、知识库服务以及多种在线或离线信息服务，如信息推送、知识发现、网络呼叫、智能代理等服务。这些服务方式方法具有较强的智能性、实时性、交互性等特征，能够提供全新的个性化服务。这种能够同时提供实体馆藏与虚拟馆藏服务的模式，极大的拓展了图书馆服务的内容，强化了图书馆服务的能力。

五、满意原则

读者是否满意及其满意程度如何，是衡量图书馆服务质量的最终标准。满意原则是图书馆服务诸原则中的核心原则。

美国宾夕法尼亚州立大学的安达利（S.S.Andaleeb）和西蒙兹（P.L.Simmonds）提出了测试读者满意度的五个命题：感受到的图书馆资源质量越高，读者满意度就越高；图书馆工作人员反应度越强，读者满意度就越高；感受到的图书馆工作人员能力越强，读者满意度就越高；图书馆工作人员道德行为越积极，读者满意度就越高；感受到的图书馆设施越好，读者满意度就越高。

读者对图书馆服务是否满意，这又属于读者的主体评价范畴，即属于读者（主体）对图书馆（客体）所做的评价范畴。黄俊贵先生认为，读者的主体地位一般表现在三个方面：一是读者对文献，即文献是否符合读者需要，必须由读者做出判断；二是读者对图书馆员，即图书馆员的服务态度、服务能力、服务效果必须由读者进行鉴定；三是读者对图书馆工作，即图书馆的各项业务建设、制度规章、服务项目及设施是否反映读者利益与要求，必须由读者加以评价。

近几年在图书馆界备受青睐的 CS 理论，可以说是对图书馆服务对读者满意原则的极好注释。图书馆 CS 管理建立的是以读者为导向，以追求读者满意为基本精神，并以社会和读者的期待为理想目标的管理模式。它包括三方面内容：图书馆理念满意（MS）、图书馆行为满意（BS）和图书馆视觉满意（VS）。图书馆的理念满意是图书馆的办馆宗旨、管理策略等带给读者的心理满足感。

它的核心就在于树立正确的读者观,"一切为了读者满意"是它的精神实质。图书馆的行为满意是图书馆的行为状况带给读者的心理满足状态,是图书馆理念满意思想的外在表现形式,包括行为方式满意、行为规范满意和行为效果满意。工作人员的服务态度是图书馆行为是否让读者满意的最直接表现。图书馆的视觉满意是图书馆所具有各种可视性的外在形象带给读者的心理满意状态,它包括对图书馆一切设施设备的性能及其色彩的满意,对工作人员职业形象、业务形象的满意,它传递着图书馆的理念,是图书馆理念的视觉化形式。

在上述图书馆服务五项原则中,开放原则是其他四项原则的基础或平台,它体现的是现代图书馆服务的基本方向;方便原则体现的是现代图书馆服务的内在品质;平等原则体现的是现代图书馆服务的人性化方向;创新原则体现的是现代图书馆服务的可持续发展及其动力;满意原则是核心原则或最高原则,体现的是现代图书馆服务的终极目标。

第二节　图书馆读者服务提升

当今社会是经济高速发展的时代,人民生活水平不断提高。人们对服务性行业的服务水平、服务素质的要求也越来越高,甚至提出要有"名牌"服务。那么作为公共图书馆,面向社会,每天接待各种各样的读者不计其数,如何树立自己的形象,提高图书馆员的服务质量,创造出我们的"名牌"服务呢?

一、改进读者服务方式,开展主动服务

图书馆的主动服务就是要突破传统的"为人找书"的模式,积极主动地开展多种形式的服务,争取做到"为书找人",让图书馆发挥更大的效益。针对不同的读者及其在利用图书馆时不同的心理活动,提高利用图书的效益,满足读者的省时心理。

首先，要抓住读者的心理，设立图书专架。例如，可把一些热门的书籍放在一起，设立"热门图书"推荐架，摆放这类书籍，以方便读者查阅。另一方面，根据以往的经验，寒暑两个假期期间，学校都会给学生布置阅读有关国内外经典名著作为课外阅读作业。因此，在放假之前工作人员应做好充分准备，尽可能地把本室书库中所收藏的中外名著搜集在一起，放在图书推荐架上，并指引有需要的读者借阅。这样，能大大地节省读者在书库查找的时间。

其次，作为图书管理员应把每一位读者视为自己的亲朋好友，热情地接待每一位读者，把热门的、新进的或者是自己看过觉得值得推荐的图书推荐给读者。读者对于图书馆的藏书建设方面的提议或者是服务质量方面的意见，要及时反馈和进行改进。

第三，每个读者对图书馆的认识程度都有不同，对图书分类、排架更加不懂，有的读者走进书库就如走入了迷宫一样，无从下手，要费好大劲才能找到自己所需之书。因此，应在个别名家名著的书架前用较醒目的标志牌说明，让读者容易识别。同时，更应不定期举办一些有关如何有效地利用图书馆的讲座，以及举办如"同乐日"形式的活动，加强读者与馆员的沟通与合作，让读者感受到自己也能融入图书馆这个"大家庭"，提高读者对图书馆发展的参与性。这样既能促进图书馆事业的发展，又有利于馆员与读者相互之间的了解和沟通，减少因不理解或误会而产生的不必要的矛盾。

二、重视读者咨询服务

咨询服务是现代图书馆读者服务工作的一个重要窗口，它反映出图书馆服务工作的质量与水平，是图书馆走向现代化的标志之一。

在接待和解答读者咨询时，应做到：一是对馆藏要有较深的认识，对应用系统操作要熟练；二是要耐心聆听；三是要解答详尽。能做到这三点，在解答咨询时是非常重要的。

首先，对馆藏的熟悉和对系统操作的熟练程度，直接影响有效地解答读者所提出的问题。例如，读者要求查找的书籍，如果熟悉馆藏的话，可直接告诉读者该书的分类号和架位在书库中的排列位置，并通过查询"在馆情况"得知是否在馆。好让读者能心中有数，并做出正确的选择。

其次，要成为一名优秀的图书馆员，首先要做到的应该是耐心聆听。耐心聆听读者的发问，并且听清楚读者想要咨询的问题，这样才能做到回答准确，给读者明确的答复。反过来说，读者会因工作人员的一时失误，给出错误的指引而白白浪费在书库中寻找所需图书的时间，但又一无所获。那样的咨询工作是徒劳无功的，必定会影响到图书馆的形象。

最后，给予读者详尽的解答，在读者咨询工作中是非常重要的一环。解答不清楚或回答得不详尽令读者一知半解，容易让读者产生误解或产生不满情绪，进而引起矛盾。要杜绝这一不良现象的发生，就必须要求工作人员在解答的过程中，不仅要语气平和、耐心地做出准确回答，而且还要求工作人员一定要回答详细，让读者满意。

读者咨询服务不是一般简单式的回答，它的涉及面广，因此要求咨询工作人员对本馆馆藏一定要熟悉，对待读者要热情有礼、耐心细致。努力做好咨询服务工作，可使图书馆充满活力，使读者工作跟上时代前进的步伐，从而推动整个图书馆事业深入持久地发展。

三、对待读者要热情有礼，对待工作要认真负责

俗话说得好，"礼多人不怪。"每当工作人员接待读者时应多用文明用语，如向读者说声："早上好！"或者是"您好！"等，都是平常常用的问候语，读者听了心里也会觉得舒服，也拉近了工作人员与读者之间的距离；同时，主动热情地帮助读者，把读者服务工作变被动为主动。相反，如果面无表情，对读者爱搭不理的话，读者会对工作人员产生反感，容易产生矛盾，阻碍正常工

作的开展。

在工作过程中注意动作要轻、快、准。热情周到地为每一位读者服务；同时，工作中要做到"轻拿轻放"，不要因为忙碌而忽略了自己的行为动作，从而令读者产生不必要的误解和矛盾。此外，必须认真而准确地完成每一项工序，使出错率降到最低，做到"无投诉"服务，为图书馆树立一个优质服务的"品牌"。

四、加大为读者服务的深度和广度

随着现代信息技术的进一步发展及其在图书馆领域的广泛应用，图书馆工作人员不仅要有为读者服务的意识，而且还要有为读者服务的深度和广度。

（一）文献信息提供服务

图书馆的一切工作都是为读者服务的。将"读者至上，服务第一"作为图书馆的永恒信条。在开架借阅中，应将"一切为了读者"作为指导思想，在工作的设想、布置安排上都应从读者利益的角度去思考，将读者利用率较高、流通率较高的文献全部实行开架，并努力延长开架服务时间，使文献在读者身上得到充分地利用，进而产生最大的社会效益。

（二）文献信息开发服务

图书馆拥有庞大的文献信息资源，是人类知识的宝库，是知识信息传播的重要枢纽，其能够为文献信息开发利用提供必要的知识信息。随着知识经济时代的到来，人类不断产生和积累大量的知识信息，图书馆员通过对这些依附于各种载体的知识信息进行揭示、整序、重组和创新，大力进行文献信息内容的开发和深层次加工，为社会提供多层次、多品种、增值的知识信息产品。文献信息开发主要是内容的开发。由于文献信息的繁杂、读者用户科学文化水平的差异和社会活动的多样，使得文献信息开发利用呈现出层次性特征。

浅层次的开发包括：（1）通过报道、展示、描述以及评价等方式，揭示文献信息中的知识内容，如期刊篇目索引、文摘、书评等；（2）图书馆员按照分类、主题或专题将文献信息中的知识内容进行整序，以便用户快速查找文献，如馆藏目录、书目等。

较深层次的开发是指：图书馆拥有十分丰富的信息资源，图书馆员将这些通过各种渠道搜集来的文献信息进行分析、归纳后提出综合性的论述或者评论，并在此基础上对事物的发展动向或态势做出预测或对某事物应采取的措施提出建议。文献信息深层开发服务是一种知识活化的服务活动，图书馆员在对文献信息中的内容进行加工、整序、研究的基础上，通过知识活化而产生新的增值的信息产品。

（三）参考咨询服务

图书馆参考咨询服务就其本质而言属于信息服务，在整个国家信息服务体系中，处于信息交流和传递的中心地位。图书馆通过参考咨询服务架起知识信息和读者之间的桥梁，把信息资源通过读者的利用转化为生产力。

定题服务是参考咨询服务的重要形式之一。而所谓定题服务（Selective Dissemination of Information Service，简称SDI）是指"针对某一特定课题的需要和科研生产的需要，由情报人员以文献跟踪服务的方式，主动、持续、系统地向相关课题的人员提供必要的情报资料"。由于定题服务可持续地为科研人员提供最新的文献信息，所以该项服务受到科研人员的普遍欢迎与重视。为了使定题服务取得较好的效果，图书馆咨询服务工作人员应注意以下几点：（1）主动性。要主动了解读者的信息要求，主动搜索有关信息，主动向读者提供服务；（2）针对性。SDI的全部过程都体现了很强的针对性；（3）及时性。"及时地将情报需求的变化、情报服务效果的好坏反馈给情报的供应系统"；（4）广泛性。即"在定题条件下的多向主动传递，形成多层次服务的格局"。定题服务随着实践的发展，其理论上已日趋成熟，并朝着系统化、多样化方向发展。

(四)读者辅导服务

导读是结合社会发展的要求,采取各种有力措施主动吸引和引导读者产生阅读行为,并积极地干预和影响其阅读行为,以提高读者的阅读意识、阅读能力和阅读效益为目的的一种教育活动。导读包括对阅读内容的指导和对阅读方法的指导。阅读内容的指导主要是向读者推荐优秀书刊,指导读者正确理解图书内容,帮助读者从优秀书刊中吸取有益的营养。阅读方法的指导主要是引导读者有目的地阅读,克服某些读者存在的盲目性和不健康倾向。

(五)宣传报道服务

报道服务作为一项多向主动式的信息服务方式,颇受读者欢迎。所谓报道服务,是指图书馆将采集到的文献信息经过加工整理和分析、综合,从而运用各种形式主动并及时地向信息需求者通报,以引导信息产品有效利用的一种服务方式。图书馆通过知识揭示、整序、重组、活化开发而产生的信息产品,只有通过报道才能传播给广大读者;而信息产品也只有报道出来,才能更容易被读者所认识,才能使其得到更充分的利用。

图书馆宣传报道服务的方式和渠道多种多样,主要有:(1)直观方式,即通过信息产品的陈列展览同读者见面;(2)群众活动方式,即通过学术报告会、文学欣赏会等宣传向读者推荐优秀文献资料;(3)将资料加工整理成系列化的二、三次文献,然后进行传播报道。

发掘读者心声,是图书馆人文关怀的具体体现,而更科学、更有效地服务于读者是"发掘读者心声"的终极目的,也是提升图书馆价值的最佳途径。

随着信息时代的到来,社会上各类定位明确、功能各异的专业和信息机构大量涌现,从不同层面满足了人们多方面的信息需求,从而使社会信息流渠道呈多元化态势,亦使图书馆这一传统的信息服务机构受到了前所未有的冲击与挑战。在严峻的挑战面前,图书馆必须充分发挥自身特有的服务功能,以最优质地服务和更高质量的信息产品吸引读者,多方提高图书馆的价值,以求在异常激烈的竞争中立于不败之地。

第三节　图书馆信息服务研究

　　用户信息需求量大、需求多样化、需求瞬息万变的特点，决定了信息市场需求的无限性，任何一个图书馆都不可能把整个信息市场作为自己的目标市场，分析了图书馆正确选择信息服务目标市场的必要性，讲述了目标市场确立的基本步骤。

　　所谓信息服务的目标市场，是指图书馆根据信息市场的需求状况和自身信息服务的特点，信息产品的特性及对本身资金、技术竞争能力的分析，在信息市场中选择一个或几个能发挥其优势并能实现最佳经济效益的细分市场作为开发信息服务的主要目标，这些市场就称为图书馆信息服务的目标市场。

　　随着信息时代的来临，社会对信息的需求量迅速增长，信息已成为大众生活不可缺少的组成部分，信息市场逐步形成。在信息浪潮的席卷下，图书馆这种传统的信息传递中介，自觉与不自觉地被推上了信息市场，图书馆开展有偿信息服务、追求信息产品的经济效益已得到了社会的认可。怎样才能在激烈的市场竞争中立于不败之地成了图书馆界人士目前亟待解决的问题。信息市场千变万化，用户需求多种多样，任何一个图书馆都不可能把整个信息市场作为自己开展信息服务的目标市场，所谓"全方位服务"只是主观上的美好愿望。事实上求"全"不得而流于"泛"，反而会丧失竞争力，失去市场份额。因此，图书馆要适应信息市场的竞争需要，首先必须正确选择信息服务的目标市场。

一、选择目标市场的必要性

　　图书馆选择信息服务目标市场的必要性，是图书信息市场用户需求的无限性和图书馆信息服务能力的有限性这一矛盾所决定的。

（一）用户信息需求的无限性

用户对信息的需求是无限的，它呈现出以下特征：

其一，需求量大。信息社会中，信息与人们的生活息息相关，大到政治、经济、文化，小到个人生活的衣食住行，每时每刻都需要获取各种信息，随着科学技术的发展，人们会越来越重视信息，对信息的需求量将成倍增长。

其二，需求多样化。不同的用户需求各异，同一用户在不同时期的需求相差甚远。用户所需的信息内容丰富（涉及各个学科、各个领域）、形式多样（从单元信息到整篇文献等）、范围广大（古今中外、无所不有）、纷繁复杂。

（二）图书馆信息服务能力的有限性

图书馆受到人力、物力、财力的局限，不能以有限的能力满足信息市场用户的无限需求。

其一，能力的局限。图书馆工作人员在有效的工作时间内所生产的信息产品、提供的信息服务都有一定量的程度，人力的投入不可能是无限的；同时，图书馆虽汇集了众多从事信息工作的人才，但知识面也是有限的，不可能涵盖各个学科，也不可能保证在任何领域都能提供有效服务。

其二，物力的局限。任何一个图书馆的馆藏资源与数量巨大的社会文献相比，也只能是沧海一粟。另外，现代技术在图书馆的应用，使信息的存储、处理、检索迈步实现自动化，但信息整理、加工、开发的大量工作还要靠手工完成。因此，图书馆信息服务的范围、信息传递的速度也是有限的。

二、选择目标市场的步骤

目标市场的选择是一项复杂细致的工作，既要掌握大量真实的感性材料，又要通过理性地分析研究，才能保证目标市场选择的正确性。

(一)市场调查

首先,要进行用户情况调查。了解影响用户需求的因素(用户所属行业、用户规模、用户地位、使用信息的能力、获取信息的途径等),把握用户需求的动向及类别、热点和重点,掌握用户现有的和潜在的信息需求量,对信息市场用户的需求状况有一个整体了解。

其次,是信息行业的调查。即掌握信息市场的竞争情况,了解其他信息机构的竞争优势,及其信息产品质量的高低、机构信誉的好坏、开发信息能力的强弱、信息服务水平的高低、发展潜力的大小和在信息市场所占份额的大小,等等。做到知己知彼,才能取己之长制其之短。

最后,对本馆信息服务状况的调查。及时了解本馆信息服务在信息市场所占份额、用户的评价和要求、价格及合理程度、新的信息服务项目进入市场的途径及发展前景,等等。

市场调查是确定目标市场的第一选择,其关键在于所获资料是否完备。

(二)市场细分

信息市场之所以能够细分为若干子市场,主要是因为用户需求的差异性,我们可以把影响用户需求的某些因素作为细分基础。影响用户需求的因素有很多,归纳起来主要有以下几个方面:

其一,用户所属的行业。用户所属的行业不同,需求的差异性必然会很大,工业与农业、商业与服务业等,因行业差别而导致需求各异,这是细分信息市场的主要依据。

其二,用户的规模。不同规模的用户,其信息的需求量、需求频率、吸收能力等各不相同,这是细分信息市场的重要依据。

其三,用户需求信息的用途或目的、用户的地位(长期用户、临时用户、重点用户、一般用户等),也可作为细分信息市场的参考依据。

(三)能力分析

市场细分后,图书馆要根据自身的人力、物力、财力,选择一个或几个细分市场作为信息服务的目标市场,因此,对自身信息服务能力的评价就必须客观、全面。

其一要客观。对能力评价过高或过低,都是不符合客观实际的。评价过高,会导致所确立的目标市场庞大,图书馆力所不及,所提供的信息服务泛而不精,从而缺乏竞争力,最终会丧失已拥有的市场份额;评价过低,图书馆的信息服务能力得不到最大限度发挥,造成浪费,可以控制和占有的细分市场白白放弃。

其二要全面。对图书馆信息服务能力的评价是一个综合指标,它包括人力、物力、财力等各方面,片面强调某一方面都会使评价失之偏颇,缺乏真实性。

(四)目标

确立目标就是图书馆确定一个或几个细分市场作为信息服务的目标市场。

目标市场一经确立,就要制定开展信息服务的策略。首先要有总体计划,包括信息服务要达到的目标,资金投入数量,信息服务开展的规模、方式,人员的组织与安排以及把信息服务项目报向市场的途径,等等;其次,要有具体行动方案,即图书馆信息服务进入目标市场的步骤,分几个阶段,每一个阶段做什么、谁来做、怎样做等做出详细安排,其应该具有可行性和操作性。

已确定的信息服务目标市场要有相对的稳定性,还要具有长期开发经营价值,这样才能保障图书馆信息服务计划的实施,逐步进入并控制目标市场。

第四节 图书馆服务问题探究

针对公共图书馆读者服务中存在的状况,图书馆应如何完善服务理念,尽力满足读者服务要求,塑造馆员良好形象以及提升服务品质呢?

读者服务工作是图书馆一切工作的出发点和归宿,读者服务工作的好坏标志着一个图书馆服务水平的高低。十余年来，图书馆在业务建设、读者服务方面都有长足进步并实现计算机管理；服务体制由传统闭架借书向开架发展，延长开馆时间，由一个人外借发展到集体外借，预约借书等；从被动服务发展到主动服务、特色服务；各图书馆竞相挖潜力、争创新，不断推出新项目，但仍有一些不尽如人意的地方，如何才能尽力满足读者需求，让读者满意，树立起图书馆良好的形象呢？

一、读者服务存在的问题及分析

随着社会的发展，读者数量剧增，原有的藏书特色和窗口服务模式已不能满足读者的需求，读者对图书馆主要存在以下不满意之处：

（一）藏书陈旧，缺乏活力

读者数量的递增要求图书总量上升，而阅读范围的扩大要求藏书门类的丰富。但公共图书馆中，普遍存在着科技书籍陈旧，新书太少；通俗文学多，名篇名著少的现象。科技图书的收藏期有限，尤其是有关计算机方面的书更新很快，但现在陈旧、过时的图书仍躺在书架上，占据一定的位置，对读者来说往往看起来眼花缭乱，图书也不少，但是查起来茫然无绪，找起来又残缺不全，图书管理缺乏活力，激发不了读者的阅读兴趣，一来二去读者对图书馆就厌倦了。

（二）馆员服务被动，素质偏低

在外部压力不大和内部相对平静的图书馆环境下，读者服务部门工作人员容易流于上班下班、借借还还、不求效益、不思进取的状态。有的馆员缺乏工作热情和责任心，不熟悉馆藏和图书分类法，不具备提供深层服务的水平和能力。读者咨询在哪里可以找到何种书，馆员干脆回答"不知道"。读者服务部门，每天的上架、流通、管理等都是复杂、琐碎的工作，处于一线服务窗口的馆员若忽略自身塑造和完善，一言一行哪怕有半点疏忽就容易和读者产生摩擦。

如处理读者违规问题时得理不饶人态度生硬,漫不经心地对待读者的提问等,读者也因馆员某个问题不能回答或回答不满意而蔑视馆员。

面对读者服务中存在的这些问题,必须采取切实可行的、具有针对性的对策加以改进和解决,提升服务品质。

二、完善服务理念

图书馆是为读者服务而设立的,因此,图书馆首要任务即是读者服务。图书馆的服务理念是图书馆文明的核心。

(一)明确服务主体

读者为主体,图书馆居客体,这是图书馆不可动摇的永恒信条。图书馆的社会价值从满足读者需求中体现出来,图书馆是读者认识与改造的客观对象。一个图书馆办得好不好,其办馆效益、社会价值如何,主要以读者的图书馆意识去衡量。其中要看读者对利用图书馆的期望程度;读者对服务项目和服务标准的信誉程度;读者对服务人员的素质和服务水平的满意程度;读者对服务效果的认可程度。

(二)提倡奉献服务

图书馆由国家兴办,是居于全额拨款的公益事业单位,并不以盈利为目的。因此,图书馆工作人员应具备舍得清贫、乐于奉献的职业道德;还应在社会上大力提倡志愿者、义工、读者积极分子到图书馆参与读者服务。在读者中树立起以服务读者为荣,以供职图书馆为荣,把对知识的加工和传播视为一个精神财富的追求者、拥有者。佛山市图书馆吸收了大量义工参与到借阅部、少儿部等服务部门的工作,这样既缓解了节假日图书馆人力不足之苦,又加强了图书馆与读者的沟通,明确了读者的主人翁地位。图书馆的服务是公共的、公益的,如果就物质待遇而言,需要培育与弘扬奉献精神,而对精神享用则应该执着追求,是一个富有者。任何一个图书馆工作者都要树立为读者、为社会奉献的价值观。

（三）重视竞争服务

随着社会的发展，广播电视、文娱体育信息网络正日益发展，任何人都无法脱离社会文化的影响以及制约，并同时参与文化的活动与创造。图书馆存在并发展的主要动力就在于其服务性。如果没有服务性就失去了存在的价值，图书馆员若没有服务的本领，所谓服务只是空话。目前书店、社会读书组织的服务方式远比图书馆服务灵活、方便，颇受读者欢迎，这对图书馆服务工作构成威胁和挑战。对此我们应该树立信心，充分发挥自己的优势，努力克服封闭、保守状态，进一步深化信息开发，提升服务人员素质与服务水平，化被动为主动，力争在各类精神文化服务方面牢固占据自身应有的地盘。

三、满足读者需求，提升服务品质

（一）优化馆藏结构

严格把好进书关，谨防重复购置，杜绝盗版书，把有限的购书经费用好用活，用在刀刃上。图书采选时，学术性强的图书可扩大品种并减少复本，对那些可读性强、普及、娱乐、休闲的图书可适当增加复本来满足读者的共同需求。对某些通俗书籍的热潮，不被动式地接受，更不迎合这种现象，适当控制总量。做到既保证馆藏图书的质量又照顾到读者的阅读需求。在公共图书馆中，读者群范围广泛，成分复杂，素质高低不同，其中不乏不拘小节、自私、缺乏社会公德之人，这些读者的存在势必增加藏书量的破损量，如不及时补充新书，就会影响服务效果。这时可采取"采、借、读者合一"的办法，即调拨一部分经费给外借处，由外借处负责采选图书，补充新书的工作还可以吸收读者中的有关专家参与。这样做的好处是，及时补充藏书，缩短新书与读者的见面时间；藏书补充针对性较强，真正做到按读者的需求来安排和优化馆藏结构。

在充分调查了解的基础上做出比较合理、便于操作又便于检查的剔旧制度来，使剔旧工作有章可循。经常地、有效地剔除不符合本馆收藏原则的图书，可以减少鱼目混珠，是优化馆藏结构的有力措施；同时也是对馆藏文献的一次审查，从中也可以发现图书采购中的一些问题，以便提出改进措施，促进采购质量的提高。

对于图书馆购书经费拮据的问题，可以充分发挥读者的积极性。读者中也不乏关心热爱图书馆之士，有的读者主动提出愿意捐款、捐书。如能依靠读者的经验和能力，采取集资的办法，读者出一点，通过公共活动让企业单位捐一点，这样就可以多途径解决购书经费拮据的问题。

（二）加强图书宣传

做好图书馆宣传工作，首先要提高对宣传作用的认识。怎样让更多读者知道图书馆有许多可供选择、符合自身需要的图书，并了解图书馆的藏书结构和特色、分类体系及利用图书馆的方法等，这些工作都需要借助宣传手段来完成。例如很多图书馆有许多不外借的文献，如参考、检索工具书，特种文献，进口书刊，价值较高无复本的计算机类图书都是优先保证阅览室使用，以便于读者全面系统地运用图书。做好这些宣传便能够使读者了解图书馆藏书渠道，对图书馆多一分理解。

读者服务工作中的宣传形式是极其灵活和富有创造性的，如做好阵地咨询、解答读者问题、指引查阅、介绍馆藏、派发宣传品、介绍服务项目的小册子等。

利用新书架将新到的图书展示给读者。有些图书刚上架马上被借走，而这些新书借出一次归还后就被归到各架。这样，经常不到一个星期，新书架就几乎成了空书架，后来的读者也可能没有机会见到"新书"了。为了让读者及时掌握新书到馆动态，可采取新书上架不编排，只需按书标记颜色区分，根据入馆新书的时间，一个月轮换一次。另外，将分编完毕上至新书架的图书列成按大类编排的书目索引形式报道出来或做成新书推荐，方便读者对近期上架的图书有个概括性的了解，也能发现意想不到的资料线索。

满足已有使用图书馆习惯的读者需求比寻求新的读者容易得多。口耳相传就是十分有效的宣传方式。满意的读者会为图书馆带来新的读者,而不满意的读者不再上门且会为图书馆做负面宣传。

(三)强化信息导航

咨询服务是现代图书馆读者服务工作的一个重要窗口,它能反映图书馆服务工作的质量与水平,读者的问题常因馆员的服务态度和咨询技巧得到不同的结果。应将一些热爱图书馆读者工作又学有专长的人员统一放在一线,加强读者咨询、课题查询等深层次服务工作。图书馆拥有丰富系统的馆藏文献资源,馆员要充分发掘潜力,广泛地进行社会读者需求调研,把握好国家和地区科技、经济和社会发展的方针政策;建立良好的图书馆信息检索系统,减少读者盲目摸索的时间,帮助读者能以最快的速度获得所需的资料,以提高服务工作层次。图书馆员要善于解答各类读者用户的不同层次的咨询课题,当好读者的"图书信息导航员"。

(四)塑造馆员良好形象

处在一线的读者服务部门是整个图书馆的"门面"。图书馆员的良好形象是改进服务质量,提升服务品质的前提条件。图书馆应建立严格的管理制度,加强馆员的服务意识,对馆员的言行采取一种带强制性的约束教育,使其培养良好的职业习惯,使强制规范最终成为馆员的自觉行为。

1.提高馆员职业修养

馆员的职业修养是在为读者提供服务时给读者的印象和评价,它既体现了读者对图书馆员的认可程度,也体现了馆员的声望和名誉。有学者把图书馆比喻为知识的喷泉,那么流通工作则是泉眼。对于这一重要性,每一位一线管理者必须由衷的认可,鞭策自己注重提高自我修养,塑造、完善自我形象。如何提高馆员职业修养,应从以下几个方面做起。

(1)尊重读者。接待读者时馆员文明规范语言的使用,亲切的态度,端庄大方的穿着,不仅仅是出于对读者的尊重,同时也反映着图书馆工作这一行业的道德水准,显示着文化水准。

(2)保持平和的心境。不把自己的激动或沮丧的情绪带到工作中,否则不但影响自己的形象,还容易引起读者误会和造成工作失误。认真对待读者提出的每一个问题,专心倾听读者提问。不以指导者口气轻视读者。不清楚的问题,以委婉的口吻请求读者澄清,尽力给予圆满的回答。馆员在办理借阅时能再次友善地提醒读者注意归还日期,同时对读者还书也能保持感谢读者合作归还的态度等,这种正面性的鼓励方式,往往会带给图书馆很多意料之外的效果,增进读者对图书馆的情感。

(3)多学好思。图书馆工作是专业性很强的服务工作,加上读者层次的明显提高,没有一定的专业知识水平,没有一定的综合能力,再规范的服务也只是表面的、肤浅的。能力的培养与提高在于平常的日积月累。每位读者工作者无论自身文化水平高低,业务能力强弱,都应在管理图书、服务读者的工作实践中不断学习,读者工作者的知识形象对读者的感召力影响最大。为了提高业务水平,应经常在流通部门开展有关咨询技巧、优质服务等方面的业务学习。这种一人主讲,共同讨论,互相启迪的学习方式,既活跃了气氛,又使每一位馆员得到了锻炼。

(4)培养团队精神。对读者而言,读者的感受是图书馆服务品质的表现。他们无从分辨何为读者服务工作范围,何处不是。如电灯坏了、照明不佳、借阅状况为可借阅的书在架上找不到、环境不清洁、冷气不够和噪声等问题,会让读者留下负面情绪,产生服务品质不佳的评语。因此,馆员们彼此之间也应建立良好的沟通关系。一般技术服务与读者服务各为独立操作系统,虽然有工作来往,但彼此服务重心不同,若缺乏适当的沟通渠道,难免忽略彼此对于图书馆组织目标的认识与共同的任务。所以馆员之间应有各种正式与非正式的沟通机会,这样有利于彼此达成工作经验共识:不管技术服务做得多好,终究要归结到使用者的满意度上。读者,才是图书馆服务的重点,进而促进组织气氛的和谐。

要使每一位馆员都意识到个人在集体中所起的作用。为了有利于读者的监督,图书馆在工作中实行挂牌服务。图书馆流水作业的工作性质要求馆员具有高度的协调能力,即使挂了牌,读者也常常因为接受过某一位馆员的服务而给予"馆员素质差"或"馆员态度好"的评价。因此,每一位馆员的言行都代表着图书馆的整体形象,整体的名誉不是任何一个人可以担当的。

2. 提高馆员身心素质

读者服务工作是琐碎艰苦的工作,没有健康的体魄和吃苦耐劳的精神是难以承受的,在日常工作中应若没有良好的心理素质,则可能和读者发生摩擦并影响服务质量。图书馆有责任有义务关注馆员的身心健康,加强人际沟通。可根据馆员中青年人多、窗口服务外出机会少的情况,积极开展游艺、棋类、球赛等各类文体活动,短途旅游,到先进图书馆参观学习等,通过活动增长知识,拓宽视野,增进同事之间的了解、信任,协调人际关系,沟通感情,使每一位馆员在轻松愉快的环境中工作,不但干得好,而且干得很开心。

第五节 网络环境下图书馆服务模式演变

21世纪的人类社会正面临知识经济和信息社会的急剧变革,世界各个角落的人们都强烈地感受到新时代的冲击与震撼。知识经济时代和网络时代的一些特征,已经深入发展到人们的社会生活中。知识经济是以知识更新为基础的经济,这种经济直接取决于知识更新和信息的生产、扩散和应用。

图书馆作为社会重要的信息资源基地,国家信息基础设施和资源的提供者,对于信息化、网络化浪潮的冲击更为敏感。现代技术的迅猛发展,全球网络化浪潮的兴起,一个以计算机技术、网络通信技术、光纤技术和数字卫星技术为主要信息传输载体的社会基础设施的新的信息环境已经在我国形成。

图书馆是社会需求的产物，其天职就是为社会提供服务。图书馆的社会价值是通过服务体现的。在知识经济成为社会经济的主流，社会经济结构开始发生变化的时候，社会需求也发生较大变化，随着知识总量不断增长，知识领域不断扩展，用户自身结构也随之发生变化，从整体上开始从劳动密集性向知识密集型转变。用户信息需求不断增加，使网络环境下图书馆的存在形态发生了变化。图书馆在信息资源采集、组织加工、信息服务、管理模式等诸方面将发生更深刻的变革。

一、传统图书馆服务模式的特点

传统图书馆主要收藏以纸张为载体的信息，它的服务必然围绕着纸张文献和图书馆馆舍而展开。中国传统图书馆由于受封建时期皇家图书馆、古代藏书楼的影响，图书馆和图书馆文献主要是为少数人服务的。

图书馆的藏书是以保存为主，形成了"重藏轻用""重管轻用"的办馆思想，往往把读者放在次要位置。图书馆设施的建设也是以更好地保证藏书、管理藏书为重点，可以说传统的图书馆在服务模式、服务观念、服务结构、服务组织、服务重点等方面形成了特有的规律和特点。商品化上服务模式相对单一，服务方法简单，主要表现在以下几个方面。

（一）封闭型建设模式

由于传统的图书馆受不同时期社会政治和经济发展的制约，在发展过程中与社会的接触是受限制的，可谓自我封闭的内向型，形成"小而全""大而全""备而不用""万事不求人"的自我封闭的图书馆服务模式。每个图书馆都试图建立自己的比较完善的服务体系。

(二)公益性服务

我国图书馆的公益性,是随着近代图书馆的产生而形成的。国家图书馆(前身为京师图书馆)于1912年正式开放,免费向公众服务。新中国成立后,兴建了大量新图书馆,所有经费由国家提供,图书馆完全是公益性的。

(三)被动型服务方式

传统图书馆的服务一般是等读者上门,所有的服务基本是以图书馆为中心,可谓是围绕图书馆馆舍展开的。图书馆的指导思想是尽可能把藏书收全,服务设施齐全,创造比较舒适的环境。主要服务方式是:馆内阅览、书刊外借、文献复制、参考咨询等。图书馆满足于书刊的借借还还、取取归归的服务方式。由于机制、经费、人员、设备的限制,服务工作有许多局限性,同时也束缚了服务人员的思想,使其缺乏主动服务的精神。

(四)单纯型服务对象

传统的图书馆面向比较固定的读者群,主要对到馆的读者服务,服务对象集中在科研单位、大专院校、国家机关。公共图书馆有自己的读者群,高校图书馆有自己的读者群,专业图书馆也有自己的读者群。由于图书馆服务模式,培养了一批传统图书馆的用户。他们习惯把获取信息的主要渠道和方式仅仅放在图书馆,获得信息的方式和渠道相对单一,图书馆可提供的服务方式也比较单纯。许多图书馆对书刊的利用率、读者借阅的满足率、服务效果从不过问,把图书馆办得像行政办事机构一样。

(五)浅层次文献型服务

传统图书馆以收藏、加工、保存图书、期刊、资料等纸张为载体的文献信息为主。首先,向读者提供原始文献,文献流通方式是一本图书、一种期刊、一份报纸。其次,为读者提供馆藏专题文献,馆藏专题文献又是以一次文献、二次文献的信息单元为主。对文献信息加工做得很少,一切业务工作都是围绕文献展开的。

(六)劳动密集型文献管理

图书馆工作人员对文献的加工,主要是对整体文献的加工和处理,也可称为"粗加工",例如,图书以整本图书为著录单元,期刊以一种刊物为著录单位。工作人员从书刊的采、编、加工、入库、管理,主要是从事的是重复性劳动,工作烦琐,劳动强度较大。衡量一个图书馆服务工作的效果,往往是以图书的流通量作为唯一的标准。每一个图书馆都以收藏和占有文献的数量,作为图书馆级别的标准。从一个图书馆整体动作而言,以劳动密集型为主。

二、网络环境下图书馆服务模式的变化

随着信息高速公路的出现,网络信息资源的出现,彻底摧毁了传统的图书馆模式,也给图书馆自下而上地发展空间带来了新的契机。在知识经济时代,社会生产对知识的需求越来越强烈,传统的图书馆服务方式受到严重冲击,推动传统的机制、运作在发生根本性的变化,新型服务模式的雏形已出现。图书馆服务工作从满足书刊代阅的文献需求为主,转移到以满足知识信息需求为主、以知识开发服务为主要功能的模式。网络环境下图书馆服务形成了新模式,其主要特点如下。

(一)开放型服务模式

图书馆开始突破围墙,跳出固定场所,主动接触社会,摆脱了传统文献处理的限制,在信息的采集、加工、组织、服务方面,面向网络环境,以新的方式组织、控制、选择、传播信息,建立了辐射型的开放服务系统。例如,国家图书馆利用网络环境和设施,扩大读者范围和领域,在电子阅览室开展各项网络信息服务,每天上网浏览图书的读者已达50—60万人次,是每天来馆读书的读者的几十倍。

(二)有偿服务与无偿服务相结合

在市场经济条件下,图书馆为了更好地为社会服务,满足读者的阅读需求,

在完成公益性服务的同时，开展各种类型的有偿信息服务，已经得到社会和读者的普遍认可。这不仅可以弥补国家投资的不足，也可以促使图书馆有自我生存的自身发展能力。

（三）主动型服务

面对社会的信息需求，图书馆的服务已经开始走出图书馆，面向社会、面向需求、上门服务。在做好阵地服务的同时，工作人员主动与用户联系，了解用户需求，采用新的服务方式，主动为读者服务。例如，国家图书馆、上海图书馆、广东中山图书馆的剪报中心，主动与大中型企业联系，了解信息需求，编辑专题剪报，提供信息服务，收到了较好的社会效益和经济效益。清华大学图书馆，聘用专业人员为学科馆员，提高信息资源建设和信息服务质量，主动为教学科研服务。

（四）针对型服务

随着社会的发展，信息社会的建立，图书馆开始冲破传统服务模式，密切地配合社会需求，提供特色服务，有针对性的服务，不断提高读者的满意率。例如，国家图书馆强化为政府立法决策服务，在近几年的"两会"期间，做到24小时全方位服务。近期与国家机关和各部委图书馆联系，提供各种信息服务，主动提供政策法规方面的专题咨询服务。上海图书馆主动向政府机关定期提供城市建设、市场发展等宏观决策性信息。浙江图书馆针对本省的经济发展，主动为大型企业服务，提供信息咨询服务。

（五）多样型服务

现代图书馆应以用户为中心，需要什么就提供什么，摆脱传统的服务方式，摒弃单个、重复、被动、琐碎的手工服务。把服务模式从"单纯服务型"转变为"服务经营型"，把服务推向市场，开展信息的深加工，如代查、代检索、代翻译、人办手续、代复制、联机检索、光盘检索、联机目录查询、网上专题信息服务等。提供信息资源的范围和载体更广泛。图书馆从文献资料的收藏者和提供者，转变为信息产品的生产者、开发者和提供者。例如，天津图书馆、北京市东城区图书馆实行的会员制借阅方式，国家图书馆为政府机关、重点大学送信息上门。

（六）知识密集型劳动

信息社会需要信息的深层次加工，所以图书馆开始从以文献单元的加工，深入到以知识单元为主的加工，图书馆的服务工作将从借借还还的服务，转化到多层次信息咨询服务。有更多的工作人员从事信息的组织，直接参与市场，成为信息技术的中介，在信息服务的每一个环节增加智力投入。从而产生了新型的图书馆信息服务人员，被称为"网上信息员""网上导航员""网上冲浪员"。例如国家图书馆的信息服务人员在网上为读者提供各种类型的文献信息，为各种专业网络公司提供专题信息。信息服务人员已经从简单的劳动转向智力型劳动。

（七）产业型服务机构

随着市场经济的发展，原有的公共图书馆、专业图书馆、学校图书馆等机构从单纯公益型向以公益型为主，经营型为辅的服务机构转变。新型的信息服务机构，以生产和经营信息产品为主，出现以经营型为主的服务机构。例如，中国科技信息所的万方数据公司、深圳图书馆集成软件公司等。

三、网络环境下图书馆读者服务工作的发展趋势与对策

在网络环境下知识信息需求的特点是：知识信息需求的全方位与综合化，知识信息需求的开放化与社会化，知识信息需求的电子化与网络化，知识信息需求的集成化与高效化。

社会的需求促使信息机构的总体发展趋势是向信息增值型、信息产业化、信息服务化以及精密化发展。

传统图书馆的服务方式是以面对面的读者借还图书、提供口头咨询为主要

方式。

现代图书馆，拥有掌握和利用电子技术的水平和专业人员，获取信息和利用信息的能力，不再受馆藏的限制，对图书馆的服务起着决定性的作用。图书馆的服务已经开始以远程通信的网络应答式提供。

总体上，图书馆的服务模式的转变主要有以下几个方面：

图书馆的服务观念：从"读者服务"转向"协调、合作、共享"。

图书馆的服务形象：从热情、周到的"服务员"转变到迅速、方便的"信息导航员"。

网络环境下我国图书馆服务工作的发展方向：

1. 运用图书馆的整体化优势进行图书馆网络的优化组织与协调，使互联网的信息服务功能在图书馆网络化服务中充分体现。促使互联网上的电子信息资源成为图书馆信息服务的有机组成部分。

2. 国家应该从宏观上有计划有组织地协调我国图书馆网络与科技、教育、经济等专网及其网络关系，以实现更大范围的信息资源共建共享。

3. 强化网络条件下图书馆的文献信息资源建设，实现网络资源配置的优化以及网络信息资源的二次开发与综合信息服务。有计划、分期分批建立不同类型的数字图书馆，促使更多的有中国特色的数据库在网上服务。

4. 实现图书馆网络化和知识信息的社会化管理，建立网络化信息保证组织和体系，建立健全信息管理的规章制度，建立健全信息法、数据库法，保障网上的信息安全和正常使用。

5. 图书馆利用自己"社会大学""没有围墙的大学"的特殊环境，有意识地通过网络和计算机技术，培养中国读者的信息素质和信息意识能力。

6. 加强与世界各国图书馆网络化服务的国际合作，学习先进国家的信息技术，熟悉和掌握各国的信息资源的特点。加强与世界各国图书馆在信息服务方面的合作,加快我国信息资源数据库的建设,向全世界展示中文信息,把世界上更多更好的信息介绍到中国,更好地为我国的读者服务。

四、网络环境下图书馆服务工作的对策

(一)树立文献信息资源共享的观念,宏观协调,分工合作

在网络环境下,我国的图书馆服务模式由于原有格局分布,必然是多中心、多系统、多层次、多类型的局面,因此在网络环境下更要强调分工协调,资源与信息的网上共享、网上服务共享,以避免各自为政。例如,在书目数据库建设中,已经存在重复建库的问题,浪费大量资金和人力。许多数据库的建设要避免走老路,国家有关部门要宏观调控,分工合作。

(二)强化网络环境下图书馆信息资源的增值服务

若要提高信息的使用价值,就要提高信息本身的价值,有偿服务与无偿服务相结合,提高服务质量,社会效益与经济效益并举,图书馆要通过服务满足社会的需求,提高服务的技术含量,扩大服务的效果和服务的能力,使人们在网络和信息时代离不开图书馆的服务。图书馆要利用自己占有信息资源、快速进行信息加工能力的优势,利用网络环境,对电子资源进行分析与重组,提供信息增值服务。图书馆服务人员要掌握信息源,了解信息资源分布状况,信息网络的分布,熟悉网上信息机构,更好地组织网上信息,为读者服务。

(三)探索网络环境下图书馆服务的新模式

网络环境为图书馆的服务提供了得天独厚的良好机会,图书馆应抓住这个机会,对信息资源的搜集、加工、整理、服务赋予新的内容和方式。图书馆的整体组织、人员安排、业务流程都要不断适应网络环境的要求,传统的服务方式可以利用网络环境来发挥新的效益。例如,图书馆的查询、外借预约、馆际互借等服务可以通过网络功能实现。同时利用网络的技术优势,拓宽服务领域。例如,信息的搜集就不仅仅是采访部门的事,参考咨询人员也要参与信息资源

的搜集,原来意义的图书馆分工模式被打破。图书馆服务工作和信息服务人员将越来越重要,"网上信息冲浪员""网上信息标引员""网上信息导航员"将会成为新型的图书馆服务人员。

(四)培养网络环境下的新型的图书馆服务人才

实现网络环境下对图书馆的服务提出高水平、高质量的要求,必然对图书馆员的知识结构提出新的更高的要求。在信息服务的服务过程中知识和技术含量加大,并且向智能化发展,图书馆从事读者服务工作的专业人员在工作方式、工作价值、工作效率、工作成果诸多方面将发生质的变化。现代图书馆必须有适合网络环境的专业人才。这是关系到提高整体服务水平的关键问题。组织、设备、资金、机构的落实可以说是硬件,在短时间内可以达到,但人才问题就是几年、十几年的问题。因此,国家要在宏观计划中,注意人才的培养。图书馆在人员的使用中,要注意发挥专业特长,培养一批新型网络环境下的信息服务人才。

第六节 基于知识管理的图书馆创新服务

在知识经济时代,知识管理是新型的管理思想和管理方法。这节简要分析了图书馆实施知识管理的内容和目的以及提出图书馆知识管理的最终目的,其在于用创新服务去最大限度地满足读者对知识的需求,并详细讲述了开展创新服务的具体内容。

随着网络的快速发展和知识经济的到来,知识的搜集、获取、利用和创新将成为贯穿于图书馆各项服务工作的主线。图书馆知识管理的根本目的就是最大限度地获取、挖掘、利用和传播知识,为读者提供获取知识的窗口并提供有效的知识共享平台。因此,如何运用知识管理的理念和策略以及开展创新服务,已经成为图书馆能否持续发展的关键。

一、知识管理的含义

什么是知识管理，目前还没有一个权威的定义。知识管理专业网站的创始人认为："知识管理是当企业面对日益增长的非连续性的环境变化时，针对组织的适应性、组织的生存和竞争能力等重要方面的一种迎合性措施。本质上它包含了组织的发展进程，并将信息技术所提供的对数据和信息的处理能力，以及人的发明能力这两方面进行有机的结合。"武汉大学图书情报研究所所长邱均平教授认为狭义的知识管理主要是对知识本身的管理，包括对知识的创造、获取、加工、存储、传播和应用的管理。而广义的知识管理不仅包括对知识进行管理，还包括对与知识有关的各种资源和无形资产的管理，涉及知识组织、知识设施、知识资产、知识活动、知识人员的全方位和全过程的管理。虽然学术界对知识管理众说纷纭，但知识管理是以人为中心、以信息为基础、以创新为目标的基本观点却是不容置疑的。

二、图书馆知识管理的内容

图书馆知识管理就是对显性知识和隐性知识的搜集、整理、存储和应用，并使其充分发挥作用的过程。主要体现在以下三个方面：一是对显性知识的序化，即对显性知识加以序化组织，并建立知识库，以便供读者使用；二是对隐性知识的发掘，即强调人是知识管理的核心，图书馆要建立一种创新、交流、学习和应用知识的环境与激励机制，培养知识型馆员并建立人才库；三是用知识管理的理念指导图书馆服务，充分发挥服务和知识的价值，走知识服务之路。

（一）关于显性知识的管理

此管理主要包括"馆藏资源数字化"和"网络虚拟资源馆藏化"两个方面。前者就是将本馆收藏的非电子化文献数字化，包括书目数据库建设、特色数据库建设、信息系统建设和各种载体全文数字化。后者是指对网络信息资源进行组织，将大量无序的信息使之有序化，对信息内容进行深层加工，最终形成知识库。根据读者的实际需求，为读者提供最直接、最高效率的知识信息服务。运用知识管理的理念和知识管理的策略对这两方面的资源进行合理配置，开展特色数字资源和网络虚拟资源的建设，帮助读者方便、快捷地利用文献信息资源。同时加强具有本馆特色的数字化信息资源的开发，建立起具有馆藏特色资源的数字图书馆。

（二）关于隐性知识的管理

隐性知识管理中的知识还包括存在于人脑中的隐性知识，对隐性知识的管理主要是挖掘图书馆员的潜在知识功能。图书馆应营造一个知识管理的文化氛围，建立有效的奖励机制，倡导图书馆员学习、进取、创新的精神。同时加强图书馆员的在职培训和继续教育，以保证专业知识的更新和扩充，防止其老化或停滞不前。对于那些通过情报分析、参考咨询等方式创造新知识的馆员和那些通过写作、出版、讲座和辅导等方式与他人共享自己隐性知识和经验的馆员给予奖励和表扬。

（三）用知识管理理念指导图书馆服务

图书馆引进知识管理的目的是实现知识的价值和服务的价值，不论是对显性知识的管理还是对隐性知识的管理，落到图书馆的实处，都是为了以知识为内涵，以服务为中心，走知识服务之路。

三、开展创新服务

不管是传统图书馆还是数字图书馆，服务是我们不变的宗旨，也是图书馆永恒的主题，而搞好服务的根本是创新，新技术的应用是创新，管理的改革是创新，服务方式的改变也是创新。而图书馆实施知识管理的最终目的，也在于以创新的服务满足众多读者的需求。故本节内容重点讨论的是如何开展图书馆的创新服务。

（一）开展虚拟参考咨询服务

为适应数字图书馆建设的需要，近几年来，国外已涌现出数字参考咨询服务、虚拟参考咨询服务和网上参考咨询服务，所有这些都是基于网络的参考咨询服务，只是使用的名称和形式上有所区别而已。这些服务一方面进一步完善了技术机制，一方面正努力建立工作流程控制、质量保障和与面对面咨询的协调机制。一方面积极推动协作参考咨询，以充分利用网络环境和分布参考咨询资源。

目前国内的一些主要图书馆也已把虚拟参考咨询服务作为数字图书馆建设的一个重要组成部分。有的图书馆启动了虚拟参考咨询系统项目的建设。在图书馆主页上，开辟了网上参考咨询台，主要由实时解答、常见问题库和学习中心等组成。实时解答系统是在吸取国内外先进经验的基础上推出的，它能实时的帮助读者解决在使用数字图书馆中第一时间所发生的问题。咨询馆员可以不受地点的限制，只要打开某台联网的计算机，以咨询馆员的身份登录后，就可在网上解答读者的疑问。而且当咨询馆员和读者的在线交流结束后，系统可以把整个交谈记录的副本电子邮件寄给读者；常见问题库中搜集了读者在图书馆时经常会遇到的问题，它具有简单的关键词检索功能，以方便读者快速找到类似的提问。同时由专门的参考咨询馆员负责，将每天实时解答的问题进行分析整理，在经过筛选后将有价值的问题加入其常见问题库中；学习中心则汇集了电子数据库的使用指南，读者可通过自学后直接在网上使用这些数据库，此形式将采用远程教育的教学方式。

（二）开展基于内容的专业化垂直服务

这种服务是读者目标驱动的面向解决方案的服务。它需要图书馆馆员具有超前意识，即超前于读者的现实欲望，主动出击，深入目标读者群体，把读者需求调研与图书馆提供的信息服务的宣传结合起来；它非常重视读者需求分析，通过对信息的分析和重组来形成符合需要的知识产品，并对知识产品的质量进行评价；它要求与读者的联系更明确、更紧密，建立起针对具体读者或读者过程的服务责任制。如学校图书馆挑选出有学科专业背景及业务知识丰富的馆员，将其分配到各院、系、所作为图书馆信息服务的联系人。让其负责全面深入了解有关院、系、所的教学、科研任务及其对图书馆文献保障服务的综合需求；为各院、系、所在图书馆主页上提供学科文献信息导航服务，逐步向重点学科组开展门户网站的学科信息推送，以定期或不定期的形式组织并联系有关院、系、所师生参加图书馆举办的有关电子数据库检索和利用的培训讲座。

（三）以读者为根本，开展个性化信息服务

随着知识需求的变化，知识服务正在向"个性化"方向发展。所谓个性化，即针对每一位读者独特的信息需求提供的有针对性的服务。个性化信息服务按照所依赖和采用的技术，目前可分为以下三种形式：一是个性化推送服务或个性化定制服务，利用信息推拉技术，向读者提供定制的网页、信息栏目，实施查询代理服务；或基于电子邮件的信息推送，根据读者的定制提供相应的信息栏目。目前有些图书馆也在这些方面进行了尝试。如虚拟参考咨询服务中的"学习中心"，采用网上课堂的教学方式，既可让读者随意浏览各数据库的使用指南，也可作为门户的形式开放给读者，只需读者在经过注册后就可进入学习，从而进行个性化定制，选定自己需要学习的内容，通过平台提问、自学，直至熟练掌握这些数据库的使用。如果该读者所选定的数据库的界面已经发生变化，读者则可以通过门户网站及时得到通知。二是个性化推荐服务，不但可以根据读者的特性提供具有针对性的信息，而且还能通过对读者专业特征、研究兴趣的智能分析而主动向读者推荐其可能需要的信息。三是个性化知识决策服务，即利用数据仓库、数据挖掘、知识提取、人工智能等技术对信息内容进行深层加工，向读者提供能够用于决策支持、智能查询、科学研究、解决问题的策略。这是数字图书馆个性化信息服务的发展趋势。

开展个性化信息服务还必须注重对读者信息需求的获取和分析。读者的信

息可以从读者的注册和调查记录、流通和借阅记录、参考咨询留档、馆际互借记录、电话和邮件服务情况、电子数据库的使用等统计和分析中得来。基于大量读者不同的信息需求，应对集成化信息进行高效率的过滤，即进行"信息分流"，从而提高个性化信息服务的质量和效率。

总之，图书馆只有把知识管理的理念和策略真正运用到读者服务中，以知识和信息作为桥梁和纽带，以创新服务作为手段，发挥显性知识和隐性知识的能动作用，并最大限度地满足读者的需求，才能最终达到图书馆的知识创新、知识传播与利用的目标。

第四章 图书馆服务创新的必要性

第一节 服务创新是经济技术进步的需要

现代高校智慧图书馆所处的是知识经济的时代,信息、知识在促进经济和社会发展方面将发挥越来越重要的作用。科学技术正在突飞猛进,并迅速改变着这个世界。以知识和信息为基础,竞争与合作并存的全球化市场经济正在形成,人类的未来和国家的繁荣比以往任何时候都更加依赖于创造和应用知识的能力。而高校智慧图书馆是聚集知识和信息的宝库,如何充分利用现代技术使其所容纳的各种各样的知识与信息转化为现实的生产力,是摆在高校智慧图书馆面前的一个重要课题。

一、知识经济的形势要求

(一)知识经济的特征

在20世纪90年代,社会发展出现了一个新的趋势,就是以高科技信息为主导的新兴产业的崛起,推动经济领域实现了一场空前的变革,知识不但在这场变革中成为经济的直接推动力,而且还谱写了知识经济时代的新篇章。

在知识经济时代到来前,人类已经历了数千年的农业经济和200余年的工业经济发展阶段。近半个世纪以来,计算机、晶体管、集成电路、个人电脑、全球网络和多媒体通信等相继出现并高速发展。到20世纪80年代,以信息获取、储存、传输、处理、演示技术和装备以及以信息服务为内容的信息产业迅速崛起，成为发展最迅速、规模最宏大的新兴产业。自 20 世纪 90 年代以来，世界经济发展又呈现出新的变化：经济和社会的发展越来越依赖于知识的创新和创造性应用，世界经济逐渐呈现出知识经济全球化的趋势。可以预测，在 21 世纪知识经济将逐步占据国际经济的主导地位，而科学研究系统在知识经济中将起着知识生产、传播和转移的关键作用，所以知识和科技的创新及其应用将成为知识经济时代生产力发展的决定性因素。新技术的变革，尤其是信息技术的发展，已经使全球经济的增长方式发生了根本变化。

知识经济是"以知识为基础的经济"的简称。具体地说，就是创新的知识、高新技术（核心是微电子技术）、计算机（多媒体）、网络（互联网）、革新的通信、信息高速公路、全球化的市场和掌握、驾驭这一切的"人"结合在一起，以进行组合要素、组合经济的一种新型生产方式。

专家学者对知识经济的认识在其本质上是相同的，即以智力资源的占有和配置，以科学技术为主导的知识的生产、分配和消费为最主要因素的经济。知识经济在资源配置上以智力资源、无形资产为第一要素，对自然资源通过知识和智力进行科学、合理、综合和集约的配置。可以说，知识经济是由最复杂的结构功能所主导的经济形式。知识经济正日益影响着人们的工作和生活并将使社会发生巨大变革。

（二）知识经济对高校智慧图书馆的影响

在知识经济时代，知识将被作为最重要的资源得到充分的开发、传播与应用，知识的不断创新成为推动时代发展的根本动力。这将对担负知识信息收集、整理和传递任务的高校智慧图书馆提出更高的要求。改革创新，增强自身发展活力，积极、主动地适应经济社会的发展需要已成为高校智慧图书馆发展的必然趋势。

1. 用户需求日益提高

在知识经济时代,高校智慧图书馆用户已不能满足一般性的内容提供,而是由文献需求向知识、信息需求演变,所以高校智慧图书馆的服务内容要打破以原始文献作为第一服务手段的服务,以用户需求为导向进行文献信息的深化,从文献传递的提供式服务向知识、信息资源重组的创新式服务转变。要了解并掌握用户知识、信息需求特点,向用户提供以专题、知识单元为基础的服务,及时对馆藏一次性文献进行二、三次文献信息开发与利用,将文献信息进行收集整理,形成专题综述、述评、研究报告等深层次的开发,综合形成新的信息资源,做到提供的信息是该领域最新、具有前沿性的有效知识、信息,以此满足用户发展的需要。

2. 市场竞争日趋激烈

在以印刷型文献为主要信息载体的时代,高校智慧图书馆以其丰富的馆藏和较熟练的文献服务技能两大优势,在社会信息服务体系中占据主导地位。但是在以信息产业为主导的知识经济时代,信息服务日益社会化、网络化和个性化,导致高校智慧图书馆的主导地位日益削弱,甚至其生存也面临着严峻挑战。虽然改革开放后,高校智慧图书馆也逐步走向社会,面向市场,并参与信息服务市场的竞争,但随着社会信息化程度的加深,信息地存取和利用更加自由,商业界大量介入以往只能由高校智慧图书馆和信息中心提供的信息服务,越来越多的个人和企业涉足信息服务业,它们以更具特色的服务吸引着广大用户,与图书情报机构激烈地争夺着用户,使得高校智慧图书馆成为信息服务市场中的众多竞争者之一。在激烈的信息服务市场中,面对用户不断更新的信息需求,高校智慧图书馆的现有信息服务逐渐失去了其争夺用户、开发市场和持续发展的能力,这就要求高校智慧图书馆对信息服务系统进行重新定位,深入研究用户的真正需求,以用户为中心开展服务,进而形成新的服务体系。

3. 事业发展日益迫切

知识经济时代，知识将取代权利和资本，成为最重要的社会经济资源。而作为拥有丰富知识信息资源的高校智慧图书馆，知识经济的发展无疑是给其带来了新的发展动力、新的机遇和新的发展前景，但同时也带来了新的挑战。随着"知识经济"浪潮的掀起，经济建设要求高校智慧图书馆利用知识资源为经济服务建设，把知识形态的科学技术和经营管理技术推广到经济建设中去，转化为经济建设的动力。高校智慧图书馆事业要想在新的经济环境中做到可持续发展，就必须适应环境的变化，不断地改变和创新，以取得更大的社会效益。同时也从中获得较好的经济效益，以保证高校智慧图书馆事业的不断发展。因此，市场经济条件下信息服务环境的变化迫使高校智慧图书馆必须改革和创新。

同时作为信息集散地的高校智慧图书馆，也肩负着振兴地方经济的任务，因此，就必需打破传统的服务模式，并努力开拓新的服务方式，还要面向社会，寻找市场，拓宽服务范围。以经济建设为导向，依托网络平台，立足于创新，探索新的服务方式，开发信息资源。与社会上的信息企业合作，使自身丰富的文献信息资源与企业高素质的信息人才结合起来，创造出一流的信息产品并将其提供给社会。同时，把高校的科研成果及时介绍到企业中去，使之尽快转化为生产力，为社会服务。这一切都需要高校智慧图书馆服务创新。

二、信息技术的形势要求

信息技术是指在信息的产生、获取、存储、传递、处理、显示和使用等方面能够扩展人的信息功能的技术。它是随着人类对外部世界的认识和控制能力的不断提高而逐步由低层次向高层次发展的。现代信息技术包括计算机技术、微电子技术、通信技术、自动化技术、光电子技术、光导技术和人工智能技术等。如果说建立在微电子技术及软件技术基础上的计算机是现代社会的"大脑"，那么由程控交换机、大容量光纤、通信卫星及其他现代化通信设施交织而成的覆盖全球的电信网络就是现代社会的"神经系统。"

当前，信息革命的浪潮正以不可阻挡之势席卷全球，现代信息技术的发展更是日新月异。现代信息技术的发展将对社会经济、政治、文化等方面产生重大而且深远的影响。

1.快速地更新换代

自 1946 年世界上第一台电子数字计算机问世，半个世纪以来，电子计算机已"繁衍"了五代，即电子管—晶体管—集成电路—大规模集成电路—人工智能计算机。计算机的运算速度提高了成千上万倍，个人用的计算机每秒运算几千万次，上万亿次的也已出现。卫星、光纤等通信技术也迅猛发展，现在通信卫星已发展到第六代，一颗卫星有几十个转发器，可同时提供几万路电话线路或转发几十路电视，光纤传输技术已跨入成熟期，许多国家已建起了以光纤为主干的大容量通信长途干线传输网络。世界信息网络技术发展迅速。

2.自动化的信息加工处理

信息加工处理中业务操作系统化、数据处理自动化、记录事项规格化、文献缩微复制自动化等得到了广泛的发展和应用。知识数据库与专家系统的出现，使信息情报咨询与检索工作达到了智能化的程度。作为人工智能应用的专家系统已有 100 多种，将日益广泛地运用于医疗诊断、投资分析、贸易管理、科学研究、气象预报及制定财政计划等方面。

3.数字化的信息传输手段

当信息成为数字化并经由数字网络流通时，大量信息可以被压缩，并以光速进行传输，数字传输的信息品质又比模拟传输的品质要好得多。许多种信息形态能够被结合，被创造，例如多媒体文件。

4.多媒体技术与信息网的宽带化、综合化、智能化和个人化是未来信息技术发展的主要趋势随着未来信息技术向着智能化方向的发展,在超媒体的世界里,"软件代理"可以代替我们在网络上漫游,它让使用者能够在各个文件之间有效且自由地穿梭寻找,而不需要将文件从头到尾看一遍,不再需要浏览器。它本身就是信息的寻找器,它能够收集任何我们想要在网络上获得的信息。

以多媒体技术为代表的信息通信产业,将成为21世纪最有希望获得发展的产业。随着通信技术与计算机技术的进一步融合,信息网络将朝着宽带化、智能化、综合化和个人化的方向发展,为人类的信息交流提供极大的方便。

三、信息技术对高校智慧图书馆的影响

飞速发展的数字化、网络化信息技术,给高校智慧图书馆传统服务带来了极大的冲击。网络改变了传统的信息交流方式,而且冲破了地域限制,实现了世界范围内的信息共享。伴随着数字化和网络化大潮的推进,作为知识殿堂的高校智慧图书馆正面临着一次全方位的技术革新。信息资源的数字化能够扩展高校智慧图书馆的虚拟馆藏,扩大高校智慧图书馆的服务范围,突破传统的信息传递模式,使信息传递变得更加快捷、便利。因此,高校图书馆进行数字智慧图书馆建设,开展多种形式的服务创新,已成为21世纪高校智慧图书馆迎接网络时代的重要战略。

(一)文献资源数字化

传统高校智慧图书馆的信息资源以文献为主,且多为纸质印刷型文献。随着信息技术的发展,纸质印刷型文献一统信息载体的局面已经不复存在。随着电子信息源不断出现和增多,涌现出诸如 CD-ROM 出版物、数据库、联机检索信息源、因特网信息源等新型的信息资源,并可以通过计算机终端、网络通信对其进行高速、准确地浏览和检索利用。信息的形式也日渐丰富,不仅有纯文字型信息,还有图像视频型、数值型和软件型等多种信息类型。这些新型的信息资源不仅数量巨大、种类繁多,而且取用方便,它将极大地丰富高校智慧

图书馆的服务内容，成为未来高校智慧图书馆信息资源的主体。

（二）传播载体多样化

传统的信息存储载体一直是以纸张为信息传播的主要载体和媒介。随着多媒体、超媒体计算机技术以及光纤技术的日渐成熟，知识的载体已不再是纸张这一单一形式，磁、光介质已被大量应用，光盘等电子出版物也迅猛增加。除文字载体外，还有语音载体、电磁波载体、缩微载体、声像载体、网络载体，且均可通过现代技术存储或传播。传播载体已由单一的印刷型向多类型、多载体方向发展，人们不必再过问所需信息是存储在何种载体上，网络资源的社会性和共享性已初步形成。

（三）服务手段现代化

传统高校智慧图书馆的服务手段多以手工操作为主，不仅服务速度慢，效率低，且服务内容也比较受限。读者通常需亲自"登门造访"，时空限制比较明显，服务质量大多受馆员个体的学识和经验的约束，效果不是很理想。现代信息技术和网络通信的发展使高校智慧图书馆的服务手段发生了变革，计算机检索、联机数据库检索及网络信息检索等新型检索手段不仅扩大了检索的范围，同时还大大提高了检索效率。网上预约、网上借还图书、网上催还图书等流通新业务的开展都不需要读者亲自来馆。

（四）服务方式多元化

传统的高校智慧图书馆服务方式比较单一，基本上以被动的馆藏书刊借阅和一对一式的面询为主，服务效果很难尽如人意。现代信息技术和网络的发展首先使高校智慧图书馆的服务空间拓宽了，服务方式也日渐丰富多样，在线参考咨询，如 E-mail 服务、BBS 讨论组、FAQ 实时解答服务等，具有实时性、交互性、能动性、个性化和人工智能化的特点，能提高咨询效果，更大程度地满足读者需求。

(五)服务对象社会化

传统高校智慧图书馆的服务对象明确且相对稳定,多局限于本校师生。网络环境下的高校智慧图书馆则已成为整个网络体系的一个节点和组成部分,由于信息存取的开放和自由,凡是与网络连接的用户,都可以不分国家、地域、单位和时间的限制,能够随时调阅网上高校智慧图书馆的信息,而网上用户同时成为高校智慧图书馆的读者。读者面之广、数量之多,远远超过传统高校智慧图书馆。

当前信息技术的迅速发展不仅使数字化文献资源和网络化信息服务逐渐成为高校智慧图书馆服务的主流,而且以 e-science、e-learning、e-business 和 e-government 为代表的信息环境正带来新的用户需求、用户行为和用户信息应用机制。同时,以 Open Access 为代表的新型学术信息交流模式、以 Google Scholar/Print 为代表的新型信息服务机制,以及以 Institute Repositories 为代表的机构知识交流与保存平台,都为高校智慧图书馆服务的发展带来了空前的挑战和机遇。面对这种信息环境持续不断的变化,高校智慧图书馆如何充分利用新环境所创造的机遇、如何挖掘服务定位、如何集成利用各方面资源、如何开辟或拓展服务功能和形式、如何建立可持续和有竞争力的服务模式,已成为高校智慧图书馆领域的领导者共同关心的问题。从而也使高校智慧图书馆服务创新成为一个必须认真探索、研究的课题。

第二节 高校图书馆服务创新是教育事业发展的内在反映

服务创新是经济技术进步的外在需要,也是教育事业发展的内在反映,不仅是知识经济的形势要求,也是信息技术的形势要求,更是创新教育和高校发展的形势要求。高校智慧图书馆的发展历史表明,只有不断创新和不断变革,才能跟上社会发展的步伐,才能为社会的发展贡献力量。

中国不仅需要发展，还需要具有创新能力的人不断创新，而创新人才的培养又需要社会化的创新教育。随着教育投入的不断增加，高等学校的规模不断扩大，高等学校作为跟踪国际学术发展前沿、积极参与国家创新体系建设的教育主阵地，已成为创新型人才培养基地。高校智慧图书馆作为学校的支柱之一，在学校大力开展的创新教育中，以创新教育为契机，以培养创新人才为己任，积极发挥高校智慧图书馆馆藏资源、环境资源和第二课堂的作用，对推进高校创新教育十分重要。

一、创新教育的内涵

创新教育就是根据创新理论的原理，通过一系列的制度创新、机构创新、思维创新、管理创新、教学内容和方法手段的创新等，以培养具有创新素质的创新人才为价值取向的教育。创新教育的本质是开发人的创新能力。从本质上来说，创新教育是一种反映时代精神的教育思想和教育理念，它在理论和实践上都有着显著的特征。

1. 创新教育是高层次的素质教育

素质教育是创新教育的基础。从教育模式的角度来说，创新教育则是高层次的素质教育，是素质教育的最高体现。因为创新教育所培养的素质是创造素质。创造是人类本质的最高体现。以培养人的创造性为宗旨的创新教育，既是人类最高层次的教育，也是当前正在全面实行素质教育的一种最高形态的实践模式。

2. 创新教育是面向社会全体的教育

创新教育不是精英教育，而是面向社会每个个体的教育。创新教育的基本理念认为创新是人的本质特征，人人都有创新潜能，时时都有创新之机。创新教育必须摒弃创新是精英们的"专利"这个观念，要树立人人是创新主人的意识，根据个体的不同特点因材施教，使其具有创新精神和创新能力。

3. 创新教育是注重个性的教育

创新教育不是用一个固定的模型去批量制造创新主体，而是充分注重个性、尊重差异，承认每个人在价值、才能、情感和行为方式上都是极富个性的个体，然后依据个体的行趣、特长等加以引导，以提高个体的创新能力。创新教育必须尊重个性，承认差异，并赋予每个人自由发展的机会和权利，让他们通过自主选择，在自己擅长的方向上去发展，以自己独特的理念和优势去超越，去突破，去创新。

4. 创新教育是一种主体性教育

教育对人的发展以及对社会的发展所起作用的大小，基本取决于它在多大程度上培养出主体性强的人，以主动适应社会发展的要求。创新教育的本质特征是把个体的地位、潜能、利益、发展置于核心地位，弘扬人的主体性，其职能就是最大限度地激发人的积极性、主动性和创造性。从这种意义上来说，创新教育是一种主体性教育。

5. 创新教育是平等、民主的教育

创新教育在价值观上集中体现了教育的平等性、民主化特点，主张尊重和保护人与人之间存在的必然差异，给予每个人充分发展其自身、激发其内在潜能的机会。要求建立平等、民主、和谐的师生关系，形成一种和谐平等的氛围。这种和谐的氛围可以为学生营造一个充满朝气、轻松自由的空间，使他们在没有思想束缚的环境中勇于探索和创新，大胆质疑，充分表现自己，从而使他们的潜能得到充分发挥和协调运用，使其创造力尽可能得到发展和提高。

6. 创新教育是终身教育

人的创新品质是在长期的学习与训练中逐步形成的，不可能通过阶段性的训练就能形成持久稳定的创新品质。完整的创新教育是从婴幼儿时期开始的，学前教育、小学教育、中学教育、高等教育及继续教育都要全面体现创新教育的思想，这样才能提高所有人的创新能力，最终使我们的民族富有创新精神。创新能力需要终身培养，创新动机需要终身激励。从这个意义上来说，创新教育既是全民教育，也是终身教育。

二、高校智慧图书馆在创新教育中的作用

1. 创新教育的第二课堂

创新教育是一个系统工程，要求在知识教育充分的基础上，进行全方位、多层次、系统化的思维训练、观念调适、方法培养和技能实践，在学生智力水平、学习动机、学习兴趣等培养目标中重点加强与创新相关的内容，提高他们的创新能力。这就使得无论是教师还是学生，都对作为信息集散地和加工场所的高校智慧图书馆的依赖性和期望值大大的提高。

高校智慧图书馆教育的自由性、可选择性，高校智慧图书馆信息资源的系统性、完整性和新颖性，以及多媒体技术、网络技术在高校智慧图书馆教育中的应用，都不断彰显出高校智慧图书馆在高等学校创新教育中的重要地位。高校智慧图书馆通过对文献信息的针对性、系统性、连续性、新颖性的不断研究和完善来为创新教育提供文献保障，并成为学生构建合理知识结构最理想的第二课堂。社会的发展和科技的进步，要求对大学生进行信息素质教育，使他们具有敏锐的观察力，能从大量繁杂的信息中及时发现有价值的信息，并能依靠掌握的信息技术和信息工具，迅速有效地获取、利用这些信息。因此，开展第二课堂，帮助大学生学习掌握网络知识以及现代情报检索技能，提高其利用馆藏资源的能力，也是创新教育的迫切需求。

2. 终身教育的最佳场所

以教育为基础，实现劳动者知识化和学习终身化是知识经济发展的必然趋

势，也是新世纪创新教育的重要内容。由于知识老化的加速，新专业不断涌现以及职业更替频繁，因此在人的一生中，只靠在校学习，即一次教育并不能满足时代发展的需要，所以终身教育将成为必然趋势，而高校智慧图书馆为终身教育提供了可能和机会。

知识经济时代的高校智慧图书馆已不再是传统意义上的高校智慧图书馆，它不仅拥有丰富的馆藏，而且还拥有经验丰富、高素质的知识信息检索和研究专家，能够辅导和帮助读者学习如何获取知识信息的方法，使之学会如何在知识信息的汪洋大海中迅速获得自己所需的知识信息；能够解答读者在学习和工作中所遇到的各种疑难问题，使读者接受教育、获取新知识的过程更加顺畅。此外，逐步走向社会化的高校智慧图书馆，将不再以身份来限制读者利用高校智慧图书馆，各种各样的读者都能利用高校智慧图书馆获取自己所需的知识信息，进行必要的学习。因此，无论从知识信息的丰富性还是读者获取知识信息、接受教育的方便程度等方面来说，高校智慧图书馆都是实施终身教育的最佳场所。

3. 个性发展的培养中心

大学生在高校智慧图书馆查找资料、阅览文献、进行自学或在因特网上浏览的时间会远远超过课堂学习的时间，使高校智慧图书馆成为真正意义上创新教育的第二课堂。如果说课堂是共性教育，那么高校智慧图书馆就是学生个性化教育的重要场所。与课堂学习相比而言，高校智慧图书馆学习是一种自由开放的形式，它能让学生根据自己的兴趣和特长，有所选择地进行深造和提高，让学生形成稳定的个性特征，挖掘自身的潜能。高校智慧图书馆个性教育功能的实现，显然有利于创新型人才的培养。

三、高校智慧图书馆服务创新是创新教育的内在要求

高校智慧图书馆的基本职能是教育职能和信息职能，而国家创新体系所包

含的教育创新体系和信息服务创新体系,就必然要求高校智慧图书馆服务进行创新。高校智慧图书馆的创新教育作用和功能不可能通过硬性灌输、制度的约束等外部强制力来完成,而是要加强服务创新,不断提升服务能力和服务质量,通过建设优质、丰富的文献资源,创造良好的文化氛围与和谐的学习环境,采用现代科学技术手段向读者提供优质、周到的服务,树立不断创新的思想,以建设一支高素质的馆员队伍来实现。

1.要求加强信息资源建设与利用,营造创新的文化氛围

面对"全球信息一体化"的21世纪,高校智慧图书馆信息资源建设与利用必须走出一条创新的道路。要加强信息资源的建设,就要充分利用高校智慧图书馆的文献信息资源,并把这些资源转化为有利于创新教育的有价资源。同时必须充分利用现代各种新载体、新技术和新手段,活化资源和信息,增加灵活性,增强创新能力,以充分提高馆藏文献信息资源的利用率,提高服务效率和质量,营造一种创新的文化氛围。这是高校智慧图书馆迅速、准确地为学生提供良好服务的基础,有利于更好地开展创新教育。

高校智慧图书馆必须充分发挥自己的信息资源优势,突出高校智慧图书馆科技信息加工和检索的网络化、现代化地位,将资料检索、书籍阅览、信息存取、学术交流等在高校智慧图书馆的结构和功能上形成一个有机的整体。同时还要通过举办各种学术报告和演讲、座谈等多种形式的学术交流活动,使高校智慧图书馆成为一个以各种学术思想和观点交汇、碰撞的中心,从而为大学生培养创新思想、展示创新能力提供一个丰富多彩的舞台,引导学生进一步去开展相关学术问题的资料检索、学术研究等创新性实践活动,使高校智慧图书馆形成一个激发、引导、催生创新思维和创新灵感的教育环境。

2.要求拓展服务手段与方式,提高创新教育的水平

高校智慧图书馆要发挥在创新教育中的积极作用,就必须不断改进服务手段和方式,提高创新水平。要适应创新教育对知识信息的需求,高校智慧图书

馆的信息服务就应设法从文献单元深入到信息单元，通过信息挖掘，向读者提供高技术含量的增值信息服务。一是要尽快完成由封闭式的被动服务模式向主动、快速的开放式服务模式的转变。二是积极稳妥地运用智能辅助化技术与服务系统开拓新的服务项目和服务领域，不断加强技术创新和新技术的应用，深化信息服务的深度和广度。三是建立和健全读者的反馈机制，认真听取读者的要求、建议和批评，并热情地解答读者的咨询以及质疑，然后以知识为对象进行加工、整理，使之成为专题的、定向的信息，并提供个性服务即定题服务，同时提供参考咨询和特殊服务。四是积极开展用户教育，引导读者进入网上特定的数据库进行信息检索，充分利用虚拟馆藏信息资源。五是全面开放高校智慧图书馆信息资源和设备，如计算机检索、光盘检索和镜像站等，将文献检索的途径指引工作由学生自己完成，使学生在这个过程中逐渐培养信息意识和信息能力。

3.要求培养具有创新精神的高校智慧图书馆员，保证创新教育的实现

英国高校智慧图书馆专家哈里森说："即使是世界上一流的高校智慧图书馆，如果没有能够充分挖掘馆藏优势、效率和训练有素的工作人员，也难以提供广泛有效的读者服务。"因此培养一批观念新、知识新、结构合理、具有较高创新素质的馆员队伍，是实现高校智慧图书馆创新教育的关键所在。

高校智慧图书馆员首先要具有创新意识。高校智慧图书馆员只有思想活跃，善于接受新思想、新事物，善于捕捉新的信息源及发现读者新的信息需求，才能提供及时创新的信息服务。其次要具有创新精神，勇于开拓进取，勇于探索，不墨守成规，努力提高自己的精神境界与知识水平，以自己的行动带动学生的创新积极性，进而营造充满活力的创新氛围。再次是要具有创新能力，高校智慧图书馆员不再是传统服务模式中简单的文献保存者与传递者，他们不仅是服务者，还可能发展为信息专家、信息管理者或者知识管理专家，在工作中从宏观角度进行调控，严格控制、协调信息的采集，围绕创新教育组织信息，注重

馆藏信息服务和具有个性创造性资源的开发利用，为创新人才积累知识，为自主性学习提供方便之门。

面对知识经济的挑战，高校智慧图书馆只有不断创新，才能跟上时代的步伐，使教育的时间从学校延伸到整个人生，使人们在未来的工作中不断接受新知识，掌握和运用新知识。高校智慧图书馆只有不断创新，才能辅助创新教育实现对求知者的智能教育、通才教育、终身教育和管理教育，使他们能够在知识经济的大潮中学会学习、选择、生存以及发展。因此高校智慧图书馆服务创新既是创新教育的必然要求，又是创新教育的延伸。

第三节 服务创新是满足读者需求的当务之急

一、高校智慧图书馆服务与读者需求的差距

有专家曾指出，决定读者满意程度的主要是读者需求与高校智慧图书馆服务之间的差距，而非实际服务行为本身。高校智慧图书馆在努力提供高品质服务的同时，应立足于现实，明确读者的满意度是高校智慧图书馆服务工作追求的核心，也是评价服务质量的最终标准。因此，努力研究读者需求和高校智慧图书馆所提供的服务之间的差距也是非常有必要的。

（一）读者实际需求与管理者对读者需求的理解之间的差距

读者实际需求与馆员对读者需求理解上的差距是读者需求和高校智慧图书馆服务之间最根本的差距，若不能正确预估读者的需求，不能从读者利益和需求入手，那么所提供的服务要想满足或超出读者需求是根本不可能的。造成此差距的根源主要是管理人员与读者之间缺乏必要的交流与沟通，不能在全面调查读者实际需求和潜在需求的基础上进行信息需求预测和经营决策。

（二）服务质量标准与管理者对读者需求的理解之间的差距

读者对高校智慧图书馆服务的衡量尺度主要体现在服务质量，而服务质量的体现既是全方位的，也是具体细微的。如果组织决策部门制定了错误的服务标准，即制定的服务标准不能精确一致地反映读者的需求，势必导致此项差距的产生。具体原因包括：对服务质量承诺不当，对服务质量标准的可行性理解不足，确保馆员向读者提供始终如一的服务质量的技术监督机制欠缺，服务质量标准缺乏与读者期望直接相关的目标等。

（三）服务质量标准与实际服务质量之间的差距

读者服务质量是指高校智慧图书馆的工作人员为读者进行文献信息服务时使读者满意的程度，因此该差距与高校智慧图书馆员的个人因素直接相关，如馆员的素质、动机、能力及态度等。高校智慧图书馆员对自己的岗位职责认识不清，业务知识欠缺，缺乏应有的培训和履行职责的技能和技巧，会使馆员难以胜任自己的工作，以及高校智慧图书馆员头脑中固有的"不可能令所有人满意"的观念是造成此项差距的主要原因。

二、服务创新是满足读者需求的当务之急

早在20世纪30年代，印度图书馆学家阮冈纳赞就提出了著名的图书馆学五定律，即"书是为了用的，每个读者有其书，每本书有其读者，节约读者时间，图书馆是一个生长着的有机体。"这一论断，从本质上揭示了高校智慧图书馆工作和发展中的两个核心问题：一是高校智慧图书馆工作的基本法则——高校智慧图书馆必须坚持读者第一、服务至上，贯彻全心全意为读者服务的宗旨；二是高校智慧图书馆发展的重要规律——高校智慧图书馆必须适应社会的发展和需要，不断审时定位，调整自我。

我们应该认识到未来高校智慧图书馆事业的发展趋势，根据现代读者的新需求，正视目前高校智慧图书馆服务与读者需求之间的差距，从服务理念、服

务内容、服务项目、服务方式、服务手段、服务对象、服务人员、服务环境等方面开展服务创新，这样才能顺应读者服务的发展规律，有效地提高读者服务工作的质量和水平。服务创新不是对高校智慧图书馆传统服务方式的全盘否定，而是在新形势下向高校智慧图书馆服务提出的新的更高的要求。

（一）服务理念人本化的要求

现代高校智慧图书馆的服务理念在于以传播和传承人类的知识和文化为重任，继续深化"以人为本"的理念，提供个性化服务，提倡读者至上，服务第一的原则。高校智慧图书馆要从根本上转变以"藏书为本"的思想，树立"以人为本"的全新服务观念，从而实现工作重心的转移。将传统高校智慧图书馆借阅书刊的读者概念，转变为在任何地点都需要高校智慧图书馆提供文献信息服务的用户的定义；将传统的在馆里等待读者来馆的服务方式转变为面向社会、主动提供有针对性、有选择的信息服务方式；由传统物理意义上的高校智慧图书馆转变为现代化的广泛意义上的社会信息中心。最大限度地满足读者的需求，是"以人为本"服务理念的最佳体现。

（二）服务内容知识化的要求

随着高校智慧图书馆读者信息需求意识和要求的不断提高，高校智慧图书馆的服务重点也从传统的一般性文献服务向知识服务转变。知识服务不是一般的信息服务，而是带有指导性的一种研究活动，是对信息资源的深层次开发和利用。知识服务的对象往往是决策机构、特殊读者。它以信息的搜寻、组织、分析、重组为基础，来提供能够有效支持知识应用和知识创新的服务。因此，知识服务对促进知识的传播、利用和转化具有非常重要的意义。高校智慧图书馆在满足读者一般性信息需求的同时，还要帮助读者从繁杂的信息资源中捕获他们需要的、对解决实际问题有用的信息内容，并将这些信息分析、加工、组合成为相应的知识解决方案，并进一步将这些知识结合在新科研项目、产品设计或管理机制中，以提高信息服务的知识含量。

（三）服务项目特色化的要求

网络化时代对高校智慧图书馆馆藏及服务特色的要求将会更为迫切，也将使其规模效益得到更大程度地发挥，当然也为其提供了更好的发展条件。网络环境下的文献资源共享将进一步强调各馆的特色馆藏，各馆为了增强自己的吸引力，就需要开发出属于自己的特色数据库，还要开发网上的特色信息源，以形成自己的特色馆藏。以此为基础，高校智慧图书馆的读者服务将由一般的常规化服务更多地向特色化服务转变。开展特色化服务，将会更好地满足网络社会读者日益个性化的需求。

（四）服务方式多元化的要求

随着网络化技术在高校智慧图书馆的广泛应用和社会公众日益增长的文化需求，高校智慧图书馆必须改变以往单一的馆藏文献的外借和内阅的服务模式，利用现代网络平台提供各种数据库服务、知识库服务以及多种在线和离线信息服务。如信息推送、知识发现、网络呼叫等服务，这些服务方式、方法具有较强的智能性、实时性、交互性，并能够提供个性化服务。这种能够同时提供实体馆藏与虚拟馆藏的模式，极大地丰富了高校智慧图书馆服务的内容，强化了高校智慧图书馆的服务能力，满足了不同读者的需求。

（五）服务手段现代化的要求

在全面实现计算机管理和综合应用文献信息技术的现代化高校智慧图书馆中，读者服务操作方法和技术手段的变化将体现在读者服务领域的各个方面。一是高校智慧图书馆的多种光盘数据库、电子出版物、多媒体文献等自身就具备自动化的信息处理能力，可以进行各类有序化、规范化的检索，还可以实现多元检索目标的灵活组配，使读者找到满意的答案。二是高校智慧图书馆利用现代技术使读者享受到智能化的信息服务。三是高校智慧图书馆通过网络可以开展电子函件（E-mail）、电子文件传递（FTPO）、联机公共目录查询（OPAC），上述服务的用户界面友好、操作方便、直观易用。另外，更为先进的复制、缩微、视听等手段也是网络化高校智慧图书馆读者服务中经常使用的。

(六)服务对象社会化的要求

网络环境下的高校智慧图书馆,其本质是社会的高校智慧图书馆。高校智慧图书馆将是一种把电子计算机和通信网络联系起来的高校智慧图书馆的集合,每个高校智慧图书馆都是地区、全国乃至全世界信息网络的一个节点,高校智慧图书馆将不再只是为持证读者或本单位、本系统的读者服务,而是所有的用户都能在任何时间、任何地点利用计算机检索终端和信息高速公路从网上获取各馆提供的所有文献和信息。读者工作的出发点和落脚点也从本校的读者发展到广阔的社会。服务对象的社会化,使高校智慧图书馆从学校这个小圈子、小社会中走出去,融汇到大社会中来,使高校智慧图书馆与社会保持同步发展。

(七)服务人员专业化的要求

网络环境对高校智慧图书馆员的知识结构提出了新的要求,在信息服务过程中由于知识和技术含量的加大,并向智能化方向发展,高校智慧图书馆员在工作方式、工作效率等方面将发生质的变化。由于信息媒体的多样化和分散化、网络资源的庞大化和复杂化、信息生产的广泛化和无序化,高校智慧图书馆员将充当知识导航员的角色,通过搜集、加工、整理网上信息,无序的信息资源有序化,并辅导读者进行自助式服务。这就要求每个高校智慧图书馆员必须加强本专业知识的学习,拥有过硬的基本功,熟练掌握和运用计算机技术,通晓英语甚至几门外语的能力,具备信息获取和研究能力、信息生产和创新能力、公关交际能力和学术科研能力。不断探索、补充、更新知识,达到博学多识、专精博通、触类旁通,以满足读者日益增长的需求。

(八)服务环境人性化的要求

人性化的环境不仅可以提高读者利用高校智慧图书馆的兴趣和效率,还能超越其物质实体性而成为精神的、人为的审美世界,成为一种可以对读者施以教化的审美的文化环境。高校智慧图书馆优美的环境和极具亲和力的氛围不仅能吸引更多的读者提高利用高校智慧图书馆的兴趣和效率,还能对读者起到潜移默化的美育作用。馆内基础设施要突出人性化特点,为读者提供安静、舒适、稳定、亲切的阅读环境,使读者产生一种美的享受,达到心理上的愉悦和满足,从而取得间接的读书效果。

第五章 互联网背景下高校图书馆服务内容创新

第一节 互联网背景下大数据对图书馆的影响

一、高校图书馆大数据特征

（一）大数据引发高校图书馆思考

1. 高校图书馆海量数据

高校图书馆本身拥有很多纸质资源，但随着信息化建设的发展，大量的数字资源，如电子图书、期刊、数据，网络资源进入高校图书馆。智能手机、平板电脑等移动终端的普及使读者不受时空限制即可获取知识，随之而来的是高校图书馆的移动客户端、WAP 网站、数字图书馆等平台如雨后春笋般涌现，使用户的数据量呈爆发式增长。面对海量的数据，高校图书馆应主要分析、挖掘用户的借阅记录、查询日志、社交活动、移动终端使用记录等各类半结构化数据，因为这些数据中包含了很多隐性价值，对改善服务方案、提高服务效率、开展个性化服务有很大的帮助。

2. 高校图书馆读者流失

随着各种新信息技术的不断发展，网上数据库、网上书城以及免费公开的网上图书资源充斥着互联网，这给传统的高校图书馆带来了压力，读者流失现象日益严重。而大数据为高校图书馆解决这一问题提供了新的思路。高校图书馆可以借助大数据技术对读者需求数据（包括借阅记录、咨询记录、荐购记录等）进行分析，不仅可以了解读者的信息行为、需求意愿及知识运用能力，还可以深度挖掘读者在交互型知识服务过程中的潜在需求，从而有针对性地开展服务并吸引读者，以应对生存危机，同时还可以利用读者不断增长的信息需求促使高校图书馆的拓展服务持续延伸和完善。

3. 高校图书馆大数据应用

高校图书馆的核心价值就是为学生、为教师服务，教师的科研成果、学生的论文成果在某种程度上代表着高校的教学、科研水平。图书馆只有了解师生的需求，掌握其阅读习惯，才能有针对性地为其提供优质服务，进而提升整个学校的科研水平。高校图书馆要充分利用大数据技术和大数据思维，发现潜在的价值信息，为师生提供高效、智慧的服务，这是未来高校图书馆发展的方向。

首先，高校图书馆应用大数据具有现实可行性。教师、学生在使用图书馆时会留下使用痕迹、用户行为日志等，这就形成了很多有价值的数据。其次，高校作为科研重地，对新技术、新思想的敏感性很强，所以在高校图书馆中使用大数据技术并不是什么难题。最后，大数据技术不是一项具体的技术，而是数据采集、数据存取、数据处理、数据挖掘等技术的整合，这些技术相对来说已经很成熟了。高校图书馆面对新技术、新思维的冲击，要及时抓住发展契机，转变服务模式，实现可持续发展。

4. 高校图书馆隐私保护

大数据是一把"双刃剑"，它涉及隐私问题，包括用户姓名、邮箱、电话号码等，具有关联性，一旦信息泄露、滥用，将对用户造成极大的危害。高校图书馆存在大量的读者数据，如用户查询记录、用户借阅数据及手机客户端访问日志等。图书馆为了改善服务方式，提供优质服务，需要对这些数据进行分析，通过数据挖掘、知识发现等技术，了解用户阅读行为。另外，这些数据除了用于记录读者的个人信息外，还隐藏着许多重要信息，如电话号码、邮箱、行为记录,社交网络信息等。高校图书馆应高度重视读者隐私,树立高尚的职业操守,在正当、合法的范围内使用读者数据。

(二)高校图书馆拥有的大数据

高校图书馆大数据的来源也呈多样化特征,除了传统的电子图书、期刊、论文数据库等结构化数据资源外,还包括以下大量的非结构化信息资源:

1. 智能设备数据

像 RFID 数据信息,装有 RFID 图书的信息,可以自动实现资源的跟踪和分析;像门禁系统,保留有大量读者的进馆出馆信息,可以帮助我们根据读者的来馆时间,做好相应的人员配备,提供更好的服务。

2. 物联网数据

可以通过在图书馆不同位置或环境中放置传感器,来对所处的环境和资源进行数据采集,其通过长时间积累,能够产生巨大的数据量,有助于我们根据图书馆的使用情况,优化资源配置。

3. 互联网数据

随着社交网站的应用普及,这部分数据的产生速度已经超过以往任何一个传播媒介,由于参与用户众多,且数据中包含用户丰富的情感特征,所以是图书馆服务的一大评价指标来源。另外像 OPAC 读者的检索记录、数据库读者的访问记录等一些用户行为数据,也包含着读者丰富的信息,是图书馆大数据的重要组成部分。

4. 科研数据共享

高校图书馆作为一个科研服务中心,需要构建科研数据共享平台。科研数据是指数字形式的研究数据,包括在研究过程中产生的能存贮在计算机上的任何数据,也包括能转换成数字形式的非数字形式数据,如调研结果、神经图像、实验数据、传感器读取的数据、遥感勘测数据和来自测试模型的仿真数据等。

科研数据是研究过程中一项重要的研究成果，包含着巨大的研究价值。长期以来，高校虽然有丰富的科研数据，但是往往局限于本课题组、本单位使用，没有经过有效的整理和建库共享，从而造成了科技资源的极大浪费。因此，科研共享数据是图书馆需要重点收集的一个大数据来源。

5. 移动互联数据

随着高校移动图书馆的普及，图书馆可以利用移动互联技术，获取大量读者访问数据，从而分析读者的使用习惯、阅读倾向等，进而帮助我们开展有效的分析并预测其知识服务需求。

二、互联网+大数据对图书馆的价值体现

大数据的价值在于可以通过人工智能、计算机科学、数字统计、信息技术等多个交叉学科的大数据技术的应用来挖掘找到隐藏在大数据背后的世界。目前高校图书馆利用大数据的价值主要包括以下几个方面：

（一）高校图书馆利用大数据的价值

1. 为资源采购提供决策支持

通过读者使用资源的交互数据，像图书浏览记录、借还记录、数据库访问记录、下载记录等，可以有效地评估读者对各种资源的使用情况，其可以通过较集中的访问历史可以预测读者关注的热点，从而为资源采购部门提供决策支持，对需求大的未购买资源增加订购，而使用率不高的资源可以减少或取消订购，从而让有限的资金购买到更适合读者需要的资源。

2. 为读者提供个性化服务

高校图书馆里包含有大量读者个人使用图书馆的记录，通过读者的咨询记录、借阅记录、数据库访问记录、检索记录、下载记录等用户使用图书馆资源的所有足迹，同时结合读者的专业，及其教务部门提供的个人选课信息、成绩

情况等分析读者的兴趣点、服务诉求、学科需求,从而把适合的资源向其主动推送,为读者提供个性化服务,实现图书馆由被动获取向主动服务的职能转变。通过不断地主动为用户进行探测性的推荐服务,持续性地获取用户的反馈信息,从而对其服务需求进行修正,提高个性化服务的可靠度和精准度。

3. 为学科提供研究方向及热点变化

图书馆可以利用大数据对学科进行聚类分析、热点预测、网络分析、可视化分析、引文分析,知识关联分析等技术构建学科的知识图谱,从宏观上分析相关学科领域的研究方向和热点,为科研人员特别是新进入研究领域的学者,以及面临选题困难的硕士生、博士生大幅度地提高研究、学习和创新的效率,从而让他们节约文献调研的时间,了解学科领域的研究进展,确定自己的研究方向。

4. 为科研人员提供学术共享环境

高校科研人员在长期的科研活动中,通过观测、探测、试验、调查等科学手段积累了大量的科学数据,这是高校宝贵的数据财富。图书馆有义务整理这方面的数据,同时根据科研人员相同或类似的资源需求,为相同学科或研究方向的科研人员构建虚拟社区,形成学术交流圈,共享科研数据,创造良好的学术共享环境。

(二)大数据时代的图书馆定位

大数据的应用将为图书馆大规模数据处理、数据分析、资源整合、开展个性化服务、提升服务能力和服务水平等环节提供新的思路和方案。我国图书界学者已从不同的视角对大数据与图书馆的相关问题如机遇、影响等进行了研究,这对于推动大数据在图书馆的应用、提升图书馆的服务质量有着较大的理论价值和现实意义,同时我们还要关注大数据视角下的图书馆定位及发展动向。

1. 图书馆的业务与服务重点应向上游转移

不管是在传统图书馆还是数字图书馆中，从资源的利用流向来看，图书馆的业务与服务重点均在下游，即资源的组织、利用与保存。然而在大数据时代，图书馆用户服务并不仅仅依靠结构化数据，如书目资源库、机构知识库、语义化信息等，还可能依靠大量的非结构化数据和半结构化数据，如用户的信息查询行为、阅读习惯等，通过数据挖掘、数据分析等方式为用户提供有针对性的个性化服务。因此，数据的收集、存储、分析、处理将成为图书馆的主要业务，即通过大数据的某些关键技术将海量的复杂数据进行协同处理，再通过数据挖掘、可视化分析等形成具有情报价值和决策参考价值的服务信息提供给用户，以便用户通过图书馆获得准确、及时、有效的信息知识，实现业务与服务的上游转移。

2. 图书馆应成为公共数据存储、处理、分析与服务中心

图书馆特别是公共图书馆作为现代社会公共文化服务的重要组成部分，在文献传播、社会教育、娱乐休闲等方面有着举足轻重的作用，因此加强信息技术的应用，延伸图书馆服务是近年来我国图书馆界的主要建设目标。但随着全社会进入一个以密集型数据的相关分析、处理来推动社会创新发展的大数据时代图书馆服务拓展到了大数据分析、处理领域，图书馆的定位将不只是一种社会文化服务机构，而是要集社会公共数据存储机构、公共数据分析机构、公共数据处理机构、公共数据服务机构于一身，担负起时代赋予图书馆更加重要、更加凸显社会存在价值的使命。

3. 图书馆应是一个完整的网络体系

大数据技术对于图书馆的价值所在便是其在用户服务中的应用，目前讨论最多的是数据分析、数据处理和数据服务，而这些技术的实现则需要充足、大量的数据支持，应既包括用户在图书馆的信息行为数据，又包括在社会场所的数据；既包括在一所图书馆的借阅行为、人际社交等数据，又包括在其他信息

机构的此类数据。因此，在大数据时代，图书馆应借助可能产生对象用户数据的多个图书馆的数据支持，甚至还需要借助包括商业中心、社会服务中心、娱乐中心和工作空间等在内的信息中心的数据支撑。只有图书馆间形成协调工作的有机网络体系，才能真正实现数据的共知共享，最大限度地满足用户需求。

第二节 互联网背景下高校图书馆资源共享服务

随着各种社交网络、物联网等新型技术的兴起，大数据时代的到来，学术界、工业界、政府机构都开始关注大数据问题，人类已经进入了以深度挖掘数据价值为核心的大数据时代。人们可以通过对大数据之间的关系进行分析，得出准确的结论，从而做出科学的决策。同时，人们还可以通过分析海量数据来预测某件事情发生的可能性。高校图书馆拥有海量的数字资源优势，如果借助大数据发展，就可以进一步推动数字资源建设，为用户提供更好的信息服务。因此，应探讨如何利用大数据思维和技术解决高校图书馆数字资源共享问题。

一、高校图书馆联盟的数字资源具有大数据特征

一是随着高校图书馆数字化建设的深入以及在 Web2.0 时代用户对高校图书馆的文献资源数字化需求的提高，单个高校图书馆的数字资源虽然不具备"大数据"的特征，但高校图书馆联盟的数字资源已经具有了"大数据"的特征。二是高校图书馆的数字资源总量在不断地增长之中，伴随着高校图书馆的数字资源用户的增加，高校图书馆对用户进行服务的信息也是在不断产生非结构化数据，高校图书馆联盟的数字资源和服务信息产生的非结构化数据是个海量的数据集。三是随着信息技术的发展，用户对高校图书馆的数字资源的信息服务的要求也在不断地提高，不再仅仅局限于对数字资源的查询、查找等一些常规的信息服务，而是转向更深层次地对数字资源的数据挖掘与数据分析。高校图

书馆联盟必须根据用户的需求做出数字资源的信息服务策略的改变，以满足用户对数字资源的信息服务要求。

二、大数据时代高校图书馆数字资源共享的优势

（一）数字资源优势

大数据的主旨思想是将分散的数字资源集中起来，从中进行数据挖掘和分析，发挥其数据量大的作用。高校图书馆数字资源包括电子图书、电子期刊、各种数据库、音视频资源在内的海量数字资源。单个的高校图书馆的数字资源达不到大数据的标准，但对于高校图书馆联盟，大数据的范围是高校图书馆联盟的全部数字资源。在大数据时代，要对高校图书馆联盟的全部数据进行分析和利用，利用云计算和可视化技术得出精确的结果，并预测未来发展趋势。

（二）海量数据产生的优势

用户对高校图书馆的数字资源的使用，会产生许多交互数据，使得高校图书馆的非结构化数据快速增加。移动图书馆为高校图书馆的数字资源提供了基于移动网络平台的信息传输途径和服务渠道。将这些数字资源分布在不同的高校图书馆管理系统中，其形态不同，组织方式各异，各种数字资源的整合在同一个云平台中，而云计算技术为大数据的发展提供了技术支撑，云计算技术突破了传统图书馆发展局限，通过云计算技术把这些数据集中起来，形成高校图书馆联盟大数据的数字资源体系。同时，云计算具有超强的数据处理能力，并具有对数字资源进行动态分配的能力。

（三）技术优势

云计算技术已在高校图书馆得到应用，而大数据的处理是以云计算技术为基础的。应用云计算技术中的虚拟化技术可屏蔽服务器、网络、存储等物理设备间的差异，可解决物理设备之间无法实现共享的问题。将高校图书馆联盟现有的硬件设备整合在一起，对硬件设备进行统一调配，利用云计算技术中的虚

拟化技术将各高校图书馆的硬件设施都充分利用起来，这样做降低了高校图书馆联盟的硬件建设成本，为实现数字资源共享提供了硬件保障。借助云存储技术，将分散存储在不同高校图书馆的数字资源进行整合与存储，数字资源由云端统一存储和管理，同时，将用户需要的数据进行动态部署，加快了信息服务的进程。采用合理的网络协议，对云计算网络进行严格监控，并由高校图书馆联盟的技术管理人员进行统一管理、维护和监管，提升了高校图书馆的数字资源的安全程度。

三、大数据时代高校图书馆数字资源共享问题解决策略

在大数据时代，要解决好高校图书馆数字资源共享问题，我们应探讨高校图书馆的数字资源共享的建设策略、运行策略和安全策略。

（一）大数据时代高校图书馆数字资源共享的建设策略管理层面

大数据共享建设是一项有规划和有可持续发展机制的系统化工程，必须要有良好的建设策略。为此，高校图书馆数字资源共享需要根据大数据时代的要求，在高校图书馆联盟建立大数据管理机构。其功能主要有：①主要负责制定和发布大数据建设和数据共享细则、标准；②负责数据存储，以及处理数据版权事项等工作；③负责数据的管理、使用和分析等工作。同时，各高校图书馆还要设立大数据基层管理部门，这是大数据组织机构的基层管理单位，主要负责去落实高校图书馆联盟数据管理机构对大数据的规划和要求，组织本图书馆完成基础数据的收集、录入、审核等工作。此外，还应在高校图书馆联盟数据管理机构指导下统一进行数字图书馆建设与管理，从而实现整体推进高校图书馆数字资源共享建设。

1. 技术架构层面

大数据技术是指从各种类型的大数据量中，快速获得数据中有价值信息的技术。构建图书馆大数据技术架构，研究解决大数据采集、存储、处理、分析

和应用等的相关问题。搭建合理的大数据技术架构是基础性工作，也是整体性工作。大数据技术架构，自底向上，第一层是大数据的采集工作，即对结构化、半结构化、非结构化数据的采集；第二层是大数据的存储工作，可以采用云存储、NoSQL、HBase等技术对数据进行存储；第三层是大数据处理工作，即大数据的集成、数据建模、重复数据删除、数据加密、数据备份等工作；第四层即大数据的应用，包括信息检索、数据挖掘、数据可视化、学科化服务、知识服务等。其技术架构如图5-1所示。

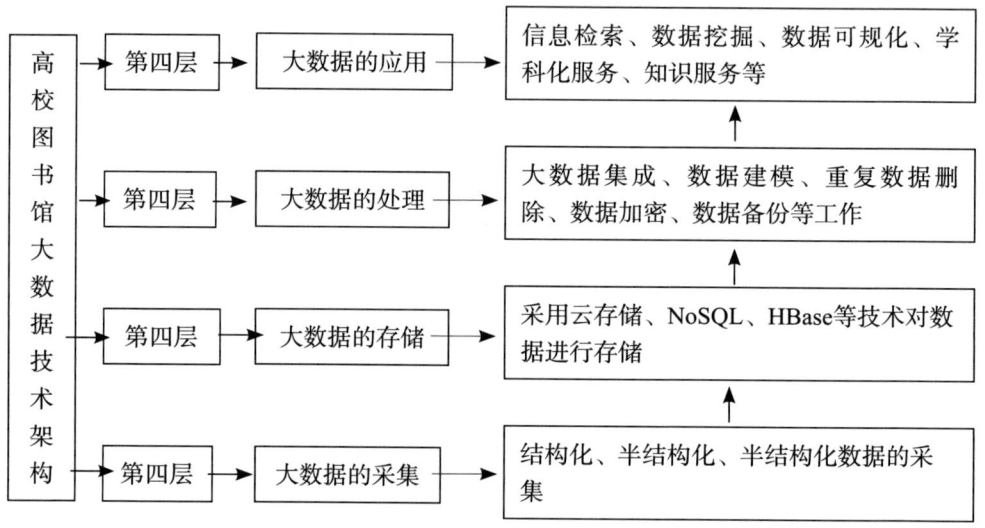

图5-1　高校图书馆大数据技术架构图

2. 建设统一的大数据平台

高校图书馆联盟要建设统一的大数据平台，对各高校现有的数字资源进行相关整合，进行统一的管理和调配。大数据平台数字资源的采集上要充分利用云计算技术，整合各高校图书馆现有的网络、硬件设备和数字资源，初期对分散在各高校图书馆的数字资源的数据进行抽取和索引，将数字资源存储在各高校图书馆，随后逐渐将数据存储并集中到大数据平台，最终建立一个为各高校图书馆保存数字资源、数据查询、分析数据提供强大的云端平台。大数据平台采用面向服务的架构，将各类数字资源以按需获取、个性化定制的信息服务形式提交给用户，有助于解决高校图书馆数字资源建设中存在的诸如资源利用率低、信息孤岛、数据安全等问题，从而能促进高校图书馆数字资源共享，为需要数据服务的用户提供信息服务。

（二）大数据时代高校图书馆数字资源共享的运行策略

1. 数据运行方面

数据是大数据平台的基础，数据的规范性、准确性以及及时性的更新，对高校图书馆数字资源共享大数据平台作用的发挥有着重要影响。所以，要建立制度化、系统化的数据维护规则，以确保数据来源、审核和使用的各个环节有序进行。

2. 技术运行方面

技术运行维护的对象主要是高校图书馆联盟数字资源的硬件设备、软件系统和数据保存。对硬件的采购，要制订性价比高的采购计划。在日常，要重视对硬件的维护，同时，建立灾害备份管理中心，以确保大数据平台运行安全可靠。在软件系统方面，要对数据管理系统的使用的友好性、管理数据的方便性、数据运行的快速性等进行及时评估，听取管理者和用户的反馈意见，以便对系统进行升级或更换，提高运行效率。在数据保存维护方面，要注意数据存储与使用的合理匹配，保证数据存储的安全和快速，确保用户查询数据高效、准确。

3. 网络运行方面

在建立统一的高校图书馆联盟大数据平台的基础上，利用技术力量对网络进行维护，加强对大数据平台的网络管理，建立网络规划，并组织精心实施，避免因网络的重复建设，而导致人力、财力、物力的浪费。同时，建立网络监控技术系统，对网络运行中存在的问题及时发现，及时维护，避免因网络的问题而造成数据丢失或数据查询困难。

4.绩效管理和评估反馈方面

建立绩效评估机制，对大数据平台的使用效果和情况定期去进行评估，防止因各高校图书馆各自的利益而消极规避高校图书馆数字资源的共享，确保各高校图书馆的数字资源共享能够长期开展。因此，建立绩效评估机制也可调和各高校图书馆的利益矛盾。建立评估反馈制度，高校图书馆联盟管理机构要对大数据平台的数据的使用情况和安全性进行监控，定期提出指导意见，并进行相关反馈。同时，大数据管理机构要收集各高校图书馆和用户对大数据平台的反馈意见，发现问题要及时研究，找出解决问题的方法，及时进行修正。

（三）大数据时代高校图书馆数字资源共享的安全策略

1.数据的安全制度建设

在进行大数据平台建设时需要从国家层面制定数据的安全法规，对高校图书馆联盟数字资源共享安全进行法律保护。同时，对建设大数据平台标准的安全运行机制、数据标准等进行统一规定，越详细、操作性越强的规定，越能减少高校图书馆成员之间在沟通中产生的歧义，以便数据能够运行安全平稳。还要制定高校图书馆联盟数字资源安全检查的制度，从而使对高校图书馆联盟的数字资源的保护有章可循，确保在制度上减少对高校图书馆联盟数字资源安全的制度漏洞。

2.加强安全监控能力建设

加强日常对大数据平台运行情况的检测，对传输中的数据、正在运行的进程进行监控。对共享的数字资源要定期进行安全扫描，确保运行状态安全。在建设高校图书馆联盟数字资源的大数据平台标准的前提下，对大数据平台的各高校图书馆的节点配置安全措施，如果某节点出现安全报警情况，就将发生问题的节点与整体进行隔离，确保大数据平台的主体安全。同时，要对大数据平台本身的安全监控数据进行整理和分析，如发现问题，则要尽早采取相关处理措施。

3.提高数据安全防范意识

重视保护和挖掘大数据价值的同时,高校图书馆联盟的数据管理人员要具有保护数字资源的敏感性和责任感的意识。高校图书馆联盟的数字资源是一座巨型的宝藏,通过挖掘分析可以对学科的发展方向进行分析、评估和预测,对学科建设和发展将产生巨大的作用。加强对数据管理人员安全素质培训,培养数据管理人员的安全的大局观和理念,只有具备大局数字资源的安全意识,才能全面推动高校图书馆数字资源共享建设的科学发展。

大数据技术可以忽略数据类型、时间和空间的限制,从而建立高校图书馆联盟数字资源共享,实现数字资源的联通和集中。同时,通过数字资源共享,大数据技术可以大大提高数字资源的价值。利用大数据技术建设高校图书馆联盟建设大数据平台,可以实现高校图书馆之间的数字资源的共享。在大数据时代,高校图书馆联盟数字资源共享建设应从三个方面进行:①建立一套完善的运行机制。大数据建设是一项系统工程,必须建立一整套的运行机制,以确保数字资源建设过程中各个环节的有序进行,并做好顶层设计,实现真正意义上的高校图书馆联盟数字资源的整合。②制定一套规范建设的标准。制定各类数据的规范建设标准,实现各类数字资源管理系统的网络互联,为高校图书馆联盟数字资源共享奠定基础。③搭建一个共享平台。有共享平台,才有数据流动和共享的舞台。通过建立大数据平台,将各类数据整合与集成,能够实现各高校的数字资源共享。

第三节 互联网背景下高校图书馆检索服务

一、高校图书馆检索技术及其优缺点

目前我国高校图书馆采用的检索技术主要有"联机公共检索目录"和"联

邦检索",现分别介绍如下:

(一)联机公共检索目录

联机公共检索目录的英文为 Online Public Access Catalogues,又简称 OPAC,它通过计算机终端查询图书馆书目数据资源,为读者提供馆藏文献的线索和获取馆藏文献的便利。最早的 OPAC 系统出现在 20 世纪 80 年代,OPAC 的初始设计是基于编目理论发展的印刷型世界,目录典型地揭示纸质书刊馆藏,延续了传统图书馆卡片式目录的构建思路,提供与卡片式目录相同的记录内容、记录格式和检索途径。随着网络技术的飞速发展,目前广泛采用的 OPAC 是第二代,它在检索点和网络功能方面都进行了改进。根据钱文丽和李亮先提供的调查,我们发现目前国内高校可供选择的 OPAC 的系统厂家有十几家,其中在我国"211 工程"院校使用较多的主要有国内公司开发 Libsys、ILAS 和 MELINETS 以及国外的 INNOPAC、ALEPH 和 Web-Cat。

1.联机公共检索目录的工作原理

OPAC 的工作原理主要分为三个层次:图书馆馆藏书目源数据与电子资源元数据一起构成元数据层;业务逻辑层构建在数据库系统与客户端之间,为每一数据源的 MARC 元数据建立统一的文档类型而定义,并通过该类型定义将各数据源的元数据映射成全局 XML 文档视图来进行整合;客户端在 OPAC 的基础上,经过一定的扩充修改后而实现统一检索功能。如图 5-2 所示。

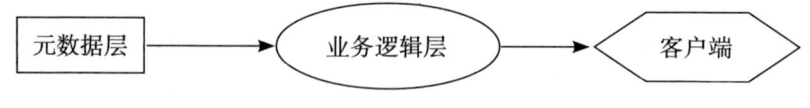

图5-2 OPAC系统总体结构图

2.对联机公共检索目录的评价

OPAC 系统的应用对学术检索的作用是显著的。首先,OPAC 为读者检索馆藏资源提供了一个统一的界面;其次,OPAC 的应用促使读者养成利用网络查询资源的习惯；最后，OPAC的机读目录格式为揭示网络信息资源提供了可能性。

当然，OPAC也存在自身的局限，余金香和李书宁就认为OPAC发展中存在以下问题：第一，书目记录之间的关联性不强，用户不易辨别和理解检索结果各实体之间的关系；第二，文献单元应该从形式层面提升到内容层面上；第三，检索问题：失败率偏高、耗时，扩展检索能力不强。2005年联机计算机图书馆中心（OCLC）在《对图书馆与信息资源的认知：给OCLC成员的报告》中提到：信息用户中"84%的用户使用搜索引擎进行信息检索，1%的人从图书馆网页上进行信息检索，只有10%的大学生认为，在通过搜索引擎找到图书馆网站后，图书馆的馆藏可以满足他们的信息需求"。由此看来，OPAC技术还需要进行进一步改进，以便更好地满足读者检索学术资源的需求。

（二）联邦检索

维基百科对联邦检索的功能定义为：它可将一个检索请求以合适的语法进行转换后发送到一组独立的数据库中，将合并检索到的检索结果以简洁统一的格式和最小的重复显示出来，同时能提供一个自动或者用户选择的排序方式对结果集进行相关的排序。业界主流的联邦检索系统包括Web Feat、Meta Lib、Serials Solutions和Muse系统。

1. 联邦检索的工作原理

联邦检索的运作机理是这样的：首先它为每个数据库创建资源描述，然后选择满足特定信息用户需求的检索数据库，将用户提问式转译成适合所选数据库的检索格式，最后合并检索结果并按用户需求定制个性化的排序方式将检索结果反馈给用户，如图5-3。

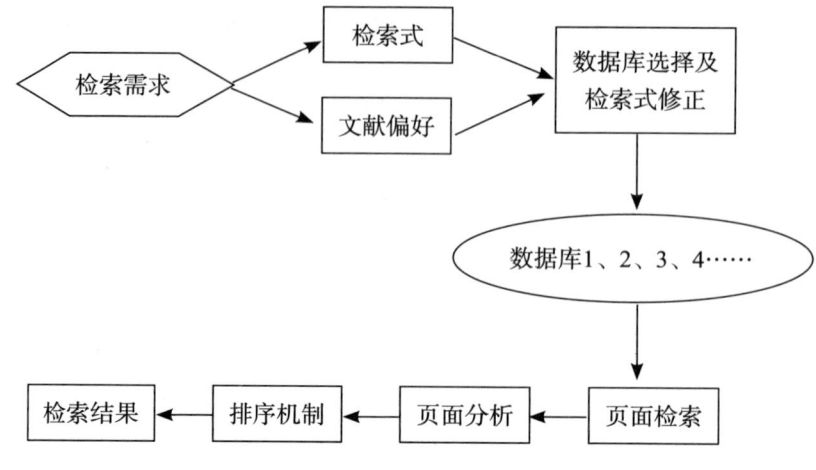

图5-3 联邦检索流程结构图

以 Meta Lib 系统为例,我们可以实现如下功能的检索:

第一,检索馆藏的纸质资源的电子目录;第二,检索图书馆购买的电子资源并提供全文链接;第三,检索 Google Scholar 等网络免费电子资源并直接反馈全文信息;第四,可以自定义不同资源并进行整合检索;第五,读者在登录个人空间模块后该系统能提供个人检索的书目记录文档,也能提供个性化数据库集合定制检索,以及提供定期检索提醒服务。

2. 对联邦检索的评价

联邦检索技术与联机公共检索目录结合,让学术资源的整合检索变得更加便利,从而提高了学术资源的利用率。

虽然联邦检索系统具有自身的优势,但 Webster(韦伯斯特)认为该技术还是不能从根本解决检索平台间日益增长的复杂性和缺乏统一性等问题。联邦检索在使用过程中仍会存在着一些无法克服的困难,主要有以下几点:①因在多个数据库中同时进行实时检索,这就导致了联邦检索的结果反馈速度过慢;②由于每次各个数据库反馈给联邦检索的结果有限(每次只能抓取 20~30 条结果),所以无法实现真正意义上的结果的相关性排序和去重。③读者必须通过图书馆的认证系统才能实现真正检索功能;④联邦检索并不能优化检索系统,其功能受制于本地数据库检索性能和搜索能力的局限。考虑到联邦检索技术功能的不足，陈家翠认为以元搜索为基础的知识发现系统是下一次学术资源检索发展的方向。

三、检索技术应用趋势

鉴于 OPAC 和联邦检索系统的不足，近年来，图书馆界一直在寻求一种数字资源的整合之道。为用户提供一个能够实现各类学术资源发现与获取的一站式解决方案，以提升用户利用资源的有效性与友好性，基于元数据预索引的网络级发现服务系统便是其中的佼佼者。目前，被我国高校用户认识和采用发现服务系统的主要有 Summon、EDS 和 Primo 等。

发现服务系统将图书馆的所有资源和馆外学术资源纳入了统一的架构和单一的索引体系，它事先为图书馆众多的本地和远程资源建立了一个集中索引仓储，用户通过一个类似谷歌的单一检索框来检索这个仓储以实现资源的一站式检索，并且这些系统还会对检索结果进行有效的组织和揭示，以帮助用户去发现最合适的资源，系统的稳定性方面也超越了以前统一检索产品。因此它是高校图书馆学术资源深度整合和便捷获取的发展方向。

目前的发现系统主要采用两种系统架构：纯 SaaS（软件即服务）型和混合型。纯 SaaS 型以 Summon 系统为代表，完全将元数据仓部署在云端，力求实现对于图书馆全部资源元数据的覆盖，并在此基础上构建一个完整统一的元数据索引，如图 5-4 所示。

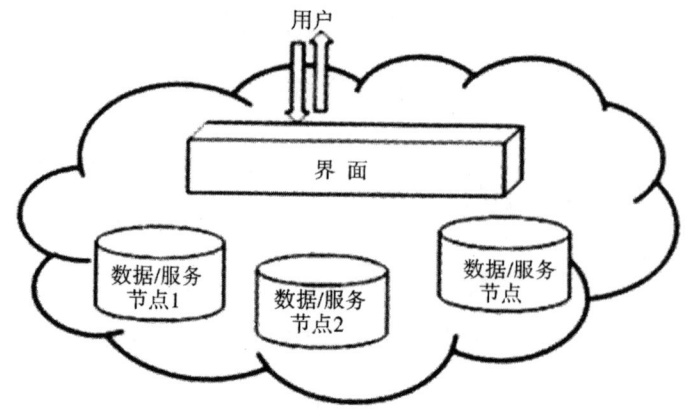

图5-4 纯SaaS模式的发现服务体系结构

混合型以 Primo 系统为代表，本馆馆藏和自建资源数据部署在本地，其他元数据部分则部署在云端位置，目的是以馆藏和自建资源补充目前元数据仓储中元数据覆盖的不足，如图 5-5 所示。

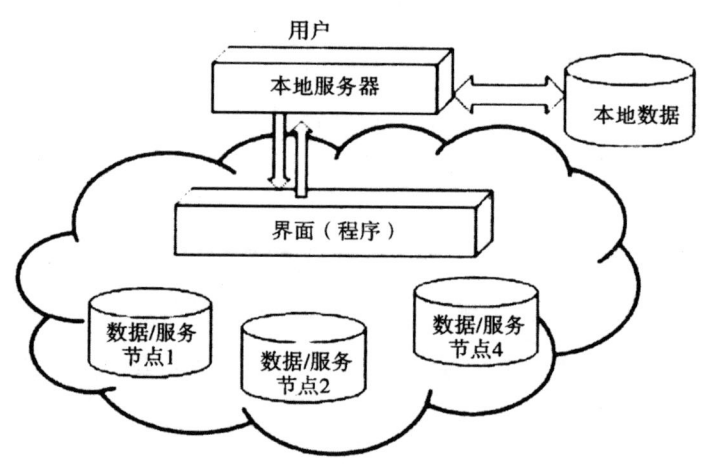

图5-5 混合模式的发现服务体系结构

两种模式各有利弊，混合型模式能更好地和图书馆原有的 OPAC 系统进行整合，而纯 SaaS 模式能降低图书馆对学术资源维护的成本。

对于发现服务系统的功能，我们以清华大学图书馆的"水木搜索"（Primo

系统）为例：

①在资源整合方面可以整合查询图书馆的各类馆藏资源，其中包括实体资源和数字资源，涵盖了本地拥有的资源、远程存取资源、书目、全文等。

②在检索方式方面，Primo 提供了简单检索和高级检索两种模式，其中简单检索类似于谷歌的单一检索框，方便读者能够进行快速检索；高级检索则提供了"题名""作者""主题词"四个检索字段限定栏，同时可以限定"资料类型""语种"和"出版日期"等文献特征，同一字段内可以使用 AND、OR、NOT 进行逻辑检索，可使用半角双引号进行精确匹配，可使用截词符，不同检索条件间逻辑以 AND 逻辑连接，从而满足精确检索的需要。

③在检索结果提炼方面，提供了多样化的排序和分面分析功能。Primo 将检索结果按照相关度分值排序，与查询相关度最大的排在最前面，读者可以重新选择排序方式，然后按日期或流行程度排序；在分类分析方面，可以通过主题、文献类型、作者、出版来源和语种等多个角度来提炼最终结果。多样化的结果排序和分面为读者筛选文献提供了便捷的通道。

④在结果获取方面，提供资源的一站式获取。每条记录的简单浏览界面会显示获取链接，结果页面提供直接查看馆藏的借阅信息、提供已购电子资源的全文链接并提供开放资源的 SFX 链接功能等。

此外，该系统还整合了个性化显示和 Web2.0 的功能，结果页面会显示与检索主题相关的百科词条，显示图书封面、目次、书评，并将不同版本或多个分册的图书书目记录合并为一条记录来显示；它可以让人们联机协作与共享信息，用户参与互动，给系统提供的数据增值，用户可以为百科词条挑错，为记录增加标签、评论、打分，还可以发送检索结果至 EndNote 等。

当然，目前的发现服务系统也存在一系列问题，主要表现在：①国外的几大发现服务系统针对中文资源的目录签约度不高，导致了发现服务系统仅能访问少数中文资源；②并非所有资源都能实现全文检索；③现有的资源发现系统尚不能很好地揭示出不同资源条目之间的复杂关系。

针对以上问题，目前发现提供商和图书馆解决采取了部分弥补措施，例如，针对中文资源的访问瓶颈，EDS 和南京大学联合开发了 Find+，利用国内的合作团队开发中文目录资源；而某些高校采取的办法是在引进国外发现服务系统的同时，也引进国内开发的中文发现系统。以西安交通大学图书馆为例，该馆在引进国外 Summon 发现服务系统的同时，也购买了国内超星发现系统作为中文资源发现系统的补充。但由于版权的原因，要想实现所有资源的全文检索则是一个不可完成的任务。在今后的研发过程中，如发现系统更好地借鉴 FRBR（书目记录的功能需求）的思想，将会对资源条目之间的关系揭示带来改进。大数据时代的"3V"：量级（Volume）、速度（Velocity）和多样性（Variety）给不断加大学术资源建设投入的高校带来了严峻挑战，如何让文献检索服务得到广大师生用户的认同是实现大数据第四个"V"（Value）的重要前提，而学术资源检索技术的采用又是文献检索服务得以实现的重要前提。每个新的检索技术的采用并不是对先前技术的全盘否定或者抛弃，而是以原有技术为基础的改进和增加，它们之间是整合协同关系。高校的学术资源提供者应关注检索技术的发展，了解各种检索技术的优缺点，并结合用户的切实需求和使用习惯，及时引进新技术并科学引导用户对新技术进行利用，以达到高效利用学术资源的目的。

第四节　互联网背景下图书馆个性化信息服务

近年来，国内高校图书馆致力于个性化信息服务的开展，作为信息定向明确、服务针对性强、使用便捷的一种新兴服务模式，它的深入推广受到了高校师生的广泛好评。随着个性化信息服务的大范围推广，如何根据用户不断变化的信息需求情境，实时调整并完善信息服务策略，更好地体现信息服务的"个性化"特征成为高校图书馆个性化信息服务发展亟待解决的问题。

一、个性化信息服务的发展瓶颈

感知用户真实的信息需求情境是开展个性化信息服务的前提。目前，在个性化信息服务过程中，各高校图书馆都采用的做法是通过问卷调查、网络访谈、电话咨询等途径事前获知用户的信息需求，通过对获得的用户需求信息进行分析，进而由学科馆员或参考馆员针对相应的信息需求提供独具特色的相关服务。受用户不断变化的信息需求等因素的影响，传统的个性化信息服务模式存在着明显不足。

（一）无从感知用户真实的信息情境

传统的个性化信息服务模式在获取用户信息需求时大都以问卷调查或访谈为主，这些传统的信息需求获取模式受问卷调查表设计缺陷、用户表达不清、担忧网络访谈泄露自身隐私等因素的限制，使得高校图书馆获取的用户信息需求往往存在一定偏差，在不真实的信息需求基础上开展个性化信息服务势必难以达到理想的效果。

（二）服务针对性有所缺失

高校图书馆的服务对象主要是在校师生。受师生的教学进度、研究任务不断变化等相关因素的影响，个性化信息要取得良好的使用效益，必须及时根据用户不断变化的信息需求情境实时去调整服务策略。然而受时间局限性、频繁沟通的不便等各种因素的制约，日常服务中，师生往往无法做到或不愿向图书馆员来反映自己已经变化的信息需求，因无法实时感知用户变化了的信息需求，导致高校图书馆所提供的个性化信息服务与用户的信息需求存在严重脱节情况，服务针对性较差的问题。

（三）个性化信息服务遭遇用户流失危机

互联网环境下成长起来的大学生，自身积累了丰富的互联网使用经验，他们对图书馆的依赖性有所降低，受图书馆信息服务针对性不强、信息使用不便等因素影响，当有信息需求时他们首先想到的是其他网络途径而非是求助图书馆。一方面，高校图书馆拥有了丰富的馆藏资源，希望通过个性化信息服务方式为资源找到使用者；另一方面，个性化信息服务针对性不强，用户大量流失。提高个性化信息服务针对性，强化用户使用体验满意度，成为高校图书馆个性化信息服务过程中必须解决的难题。

二、个性化信息服务系统可行性

（一）丰富的数据来源

高校图书馆作为全校的信息资源中心，积累了海量的用户行为数据，如用户查询书目产生的 OPAC 日志，用户借还书所产生的借阅信息，用户浏览、下载电子资源所产生的电子数据库使用痕迹，用户使用学科化信息服务中心与学科馆员的互动信息，用户在图书馆微博和公众号中留下的评语，用户访问图书馆论坛停留时间等。这些海量数据从侧面真实地反映了用户变化着的信息情境，通过对这些海量数据进行有针对性的挖掘、分析，可真实反映用户当下的信息情境，进而为图书馆开展个性化信息服务提供决策参考。

（二）较易识别的目标群体

开展个性化信息服务，需实时跟踪用户不断变化的信息行为，分析用户的信息需求，进而实现有精准定位的信息推送。获取用户的信息需求离不开实时的 Web 数据挖掘，而 Web 数据挖掘的难题之一是目标用户的身份识别。对高校图书馆个性化信息服务系统而言，目标群体具有明显的区分度，较易被识别。受经费、版权等因素的制约，目前高校图书馆的服务对象主要是在校师生，师生使用图书馆资源时，其信息均已在图书馆注册过，通过对师生的信息记录进行相应的识别，即可准确定位目标群体。此外，高校师生在校园内访问网络资源时，其电脑 IP 地址大都已经在校园网网络中心注册过，通过客户端的用户名及密码，可轻松实现对目标用户的精准识别。

（三）用户信息需求的实时感知

用户的信息需求可以通过其相关的信息行为体现出来。对高校师生而言，当他们在教学、科研或学习方面有一定的信息需求时，大都会通过图书馆或互联网等途径进行自我服务。在自我服务过程中，后台服务器能如实记录用户的信息行为数据，通过对这些数据的深入挖掘，用户实时的信息需求就会显露无遗。

三、个性化信息服务系统构建

（一）系统构建目标

大数据环境下构建高校图书馆个性化信息服务系统，其最终目的是通过对互联网上用户使用日志、会话信息、评论信息、搜索查询记录、图书馆使用记录等进行深入挖掘，实时感知用户变化着的信息需求，进而针对用户的真实信息情境开展有针对性的个性化信息服务。基于系统的构建目的，系统的构建目标为：在图书馆已有的信息服务平台及服务模式的基础上，整合来自不同数据仓库中的相关记录，通过 Web 数据挖掘，感知到用户实时的信息需求，并基于此开展有针对性的个性化信息服务。

（二）高校图书馆个性化信息服务系统模型

通过对用户行为数据的实时跟踪，获取用户的信息需求，涉及数据集合、数据规范化、信息分析、信息推送等功能。大数据环境下高校图书馆个性化信息服务系统应包含数据集成模块、数据规范化处理模块、信息分析模块（含结构化数据分析模块、互联网日志分析模块、移动终端位置判定模块）、信息匹配模块、信息推送模块、用户使用评价模块。

（三）高校图书馆个性化信息服务系统模块功能

1. 数据集成模块

高校师生的信息行为数据分散地存储在图书馆不同的自动化系统中，数据集成模块用于将图书馆信息系统相关记录、学科化信息服务平台信息、电子资源使用记录、网络日志等多个数据源中的相关数据进行链接，将不同来源、不同格式、不同记录结构、不同含义特点的数据记录在逻辑上进行有机集中，为数据规范化处理做好相关准备工作。

2. 数据规范化处理模块

数据规范化处理模块用于对集成后数据进行规范化处理，以使数据符合数据挖掘相关算法的需要。数据规范化处理工作流程如图5-6所示。

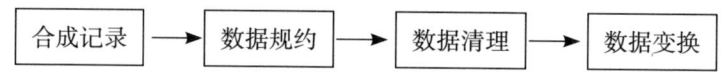

图5-6 数据规范化处理模块流程

第一，合成记录。图书馆所使用的自动化系统由不同的软件开发商提供，因彼此之间缺乏沟通协调，各服务供应商的系统数据库中的数据字段其格式及含义各不相同，要对用户的信息行为进行挖掘，必须选取唯一能够标识用户的数据字段对来自不同系统的用户行为数据进行有机集合。对高校师生而言，他们使用图书馆的资源，要通过先前办理的图书借阅证，因读者编号具有唯一性，可以将读者编号作为连接用户存储在不同数据库中的相关记录的连接标识符。

第二，数据规约。不同数据库或网络日志中的信息记录具有不同的标识及记录方法，比如读者信息库中的性别记录可能为"男"或"女"；而校园网络信息中心用户网络日志中的信息记录可能为 Male 或 Female，而实际他们具有相同的含义，数据规约功能用来对具有不同属性名但含义相同的数据进行规范化处理，以达到降低数据歧义，提高数据分析准确性的目的。

第三，数据清理。经合成记录模块、数据规约模块处理后，同一用户在不同数据库中的记录被集中到了同一字段，这些字段值中有的是重复记录的，需要保留一个属性值，剔除掉重复属性值；有的部分数据不全，对于遗漏的数据信息，需要进行补充；有的数据有误，需要进行更正；有的部分数值为实数值需要进行离散化处理。数据清理模块主要用于清除噪声数据、污染数据、错误数据及不一致数据。

第四，数据变换。不同的数据分析及数据挖掘算法对数据具有不同的要求，数据变换模块主要通过平滑聚集、数据概化等方式将数据转换成适合数据挖掘算法要求的数据形式。

3. 信息分析模块

高校师生有信息需求时，会通过以下三种途径加以解决。一是通过图书馆提供的相应服务；二是通过互联网搜索引擎进行信息搜索；三是通过移动互联网求助社交网站。对于用户的这几种信息资源利用方式，分别对应产生了结构化信息、半结构化信息和非结构化信息。用户使用图书馆信息服务时，图书馆大都通过一定的技术手段对用户的咨询内容、服务反馈等进行了如实记载，这些记录大都以规范的表格存储在相应的数据仓库中，属于结构化数据分析模块处理范畴；用户利用互联网进行信息搜索时，会在服务器日志文件中留下相关使用痕迹，对用户的网络信息行为进行相关分析，属于互联网日志分析模块功能范畴；用户使用移动互联网，利用虚拟人际关系进行信息求助时，其核心节点是人，而并非网页，因此对于移动互联网日志我们需要采取特殊的信息分析策略来对其进行有效分析。

第一，结构化信息分析模块。结构化信息具有固定与规范的数据格式，该模块主要对数据聚合、数据规范化处理后的数据进行数据挖掘操作，对数据挖掘后的相关数据进行聚类与分类处理，根据用户的信息行为，将用户细分为不同的数据粒度，以识别不同用户之间相似的信息行为及相同用户在不同时间段差异性的信息需求行为。

第二,互联网日志分析模块。互联网日志如实地记录了用户对 Web 服务器的访问情况,通过对这些数据进行分析,可以快速、准确地获知用户当前的信息需求。互联网日志分析模块分三个工作步骤,如图 5-7 所示。

图5-7 互联网日志分析模块流程

数据处理模块主要用于对相关数据进行净化处理,识别用户身份,删除不必要信息以达到缩减数据规模、降低系统响应延时的目的。经数据处理模块对数据进行处理后,可形成如下用户访问日志(见表 5-1)。

表5-1 用户访问日志

字段名	字段值(举例)	备注解析
IP	192.168.×.×.×××	通过电脑IP定位用户
时间	3/29/2014	用户访问时间
响应代码	200	用户访问页面时返回的状态码
访问页面	/books/27458.html	用户访问的页面信息
访问频次	27	用户对某一页面的访问频次统计
所用时间	7M	用户端在相关页面停留时间
CRI查询	××××××	客户端搜索时所使用的字符串
Cookie	××××××	Cookie中所记录的相关信息
办法	CET	用户端试图进行的操作

在进行互联网信息访问时,用户有可能不通过网页上的链接功能进行页面访问,而是通过浏览器的后退功能直接调用缓存在计算机中的历史记录来进行访问。路径补充模块用于识别用户当前页面信息的原始来源,补充缺失的用户访问路径。

网页的访问频率及停留时间对于判定用户的信息需求具有一定的重要意义。如果用户频繁地访问某一页面或在某一页面上停留了较长时间,则可以认为该页面是用户信息需求的一个集中反映。访问统计模块用于对用户在不同时间段访问的相关页面进行频次统计，填写用户访问日志表中的"访问频次字段"，为用户信息需求判断提供决策参考。

第三，移动信息分析模块。随着智能手机终端、平板电脑等各种移动设备的普及，高校师生通过移动终端获取信息资源已成常态，为改进服务方式，高校图书馆适时推出了微博、微信、掌上图书馆等服务模式，如果对这些服务模式中所积累的用户信息进行挖掘，将对于个性化信息服务的开展具有重要意义。移动信息分析模块用于对用户的移动互联网浏览信息进行挖掘，以获取用户的地理位置、兴趣点等信息行为特征，根据用户的兴趣点实现对信息资源与用户移动终端的精确匹配。

4. 信息匹配模块

获知用户的实时信息需求后，高校图书馆工作人员在信息匹配模块针对用户不同的信息需求，利用馆藏资源及互联网信息资源制定不同的信息服务策略，满足用户的个性化信息需求。

5. 信息推送模块

信息推送模块用于对不同的用户进行有针对性的信息推送。系统提供三种信息推送模式，一是向用户借阅相关书籍或使用电子资源时自动给用户推荐数据挖掘中发现的其他用户的信息选择结果，有针对性地推荐用户尚未发现的信息资源；二是当用户使用图书馆微博、微信、学科服务时，第一时间根据数据分析的结果，向用户进行相关信息推荐和提示；三是根据用户的移动终端位置及终端类型，及时向用户推送其订阅的相关信息。

6. 用户使用评价模块

通过大量的数据挖掘与分析，个性化信息服务系统发现了用户的行为意图，并向用户推送了相关信息。为提高个性化信息服务的针对性，提高系统服务的精准度，用户在接收相关信息时，用户可以通过使用评价模块直接对接收的信息进行相关评价，系统自动将用户的评价信息存入后台的个性化信息服务库。个性化信息服务库中的信息积累可以为日后高校图书馆工作人员修正数据挖掘算法提供对应的参考，以改进个性化信息服务系统的服务效果。

第五节 互联网背景下高校图书馆嵌入式服务

随着现代信息社会及科学技术的不断发展，使得学科内的团队合作和学科间的交叉合作日益明显，当然对其综合化要求也变得越来越高，在具体研究中，对多学科文献资料的专业获取与综合分析成为研究常态。对以主要为院校师生科研、教学提供文献保障与文献信息服务的高校图书馆而言，这些趋势的显现，使得他们不得不去思考如何顺应时代的要求，将图书馆服务的中心从以文献为中心转向以用户为中心，无缝地、动态地、互动地融入用户的科研过程中，以此为用户提供更加专业化、学科化的便捷服务。于是，能满足上述要求与顺应用户需求的融入用户工作学习生活空间的嵌入式服务自被创新应用以来，就迅速地受到了国内外图书馆，特别是以为科研等提供信息保障的高校图书馆的青睐，从而得到了广泛应用。

一、高校图书馆嵌入式服务内容

自 1993 年美国学者米歇尔·鲍文斯第一次提出"嵌入式"（Embedded）概念，嵌入式逐渐在高校师生的教学科研信息服务中得到动态展现。21 世纪，随着 Web2.0 等现代信息技术的发展与人们获取信息的网络化、数字化趋势愈加明显，嵌入式服务得到了长足发展，图书馆特别是高校图书馆提供嵌入式服务已成为国内外近年来流行的一种主要信息服务模式，并得到国际图书馆协会联合会（IFLA）等图书馆组织的重视。如国际图联 2008 年社会科学图书馆学分会讨论的论题之一就是"变化着的图书馆员角色,学科馆员、嵌入式馆员等如何改变学术交流的模式"。

图书馆嵌入式服务是通过利用"藏"在图书馆的知识去服务用户,实现了由向用户提供信息的能力到向用户提供知识能力的转变。因此,在开展之初不少图书情报工作者就认为嵌入式服务将是未来高校图书馆信息服务的必然发展趋势。大卫·舒马克指出,从馆内的参考咨询服务向嵌入式馆员的转变是非常必要的。这种认识的出现是因为用户有着不同的专业背景与学科需求,这使得高校图书馆员在日常的服务工作中不但对图书馆信息服务所需的信息检索、信息组织与信息分析等工作技能有着深厚的积累和历练,也对所面对用户的学科领域知识较为熟悉和了解,因而在学科服务上具有一定的优势。由于嵌入式服务能提高资源的发现、利用率,提高用户的图书馆服务满意度,因此,全球范围的高校图书馆都根据自身学科优势和特点去积极探索实践嵌入式服务,提倡学科馆员能够走出图书馆,为用户提供跨越时空的信息咨询、学科导航、课题跟踪、科学数据发现和管理等服务,以促使他们更好地融入到师生的教学、科研和学习之中。

二、高校图书馆嵌入式服务实践

20 世纪 90 年代,我国一些大学图书馆已经开始尝试在教师的教学、科研项目中开展嵌入式服务。但当时由于受技术、资源及服务经验等多方限制,开展的服务也大多是基于学科资源服务与推送提供的学科服务,还不能完全称之为嵌入式服务。自进入 21 世纪以来,我国高校图书馆才开始真正开始实践嵌入式服务。如 2006 年江西宜春学院图书馆在医学院临床专业开展的一种以学生、教学院为中心的教师和馆员学科教育合作模式探索;2007 年沈阳师范大学图书馆尝试应用"Big6 信息问题解决模式"嵌入到本科生和研究生的教学过程中;2008 年上海交通大学图书馆与任课教师合作,开展了嵌入新生课程的信息素养培训。随着我国高校图书馆嵌入式服务的深入开展，嵌入式服务的方式、途径与模式也多种多样，我国已有学者将嵌入式服务的途径、模式等进行了总结与分类。作者在此根据嵌入式服务的活动目的与过程不同，将其分为嵌入到师生科研项目活动中的服务、嵌入到日常教学活动中的服务、嵌入到日常学习和生活中的服务以及嵌入到政府与社会组织中的服务四种类型。

（一）嵌入到师生科研项目活动中的服务

嵌入到科研项目活动中的嵌入式服务是高校图书馆嵌入式服务的主要形式。这里具体是指高校图书馆利用自己的丰富资源与在信息获取等方面的专业服务优势，使图书馆员能够参与用户科研团队，从项目的选题、申报、研究、结题、成果评价和成果转化等各个环节提供全程式的知识信息服务。在科研过程中，图书馆员为科研人员提供研究背景、国内外研究现状等信息，定期或不定期提供同行的最新研究进展与学术动态信息，撰写专题调研报告、学科领域的技术热点报告，对科研机构及其国际国内竞争对象的研发实力、研发产出、未来研发趋势、市场竞争力等方面进行分析与评价。如上海交通大学图书馆农业环境学科馆员范秀凤积极嵌入到教师的科学研究，2011年1月12日受邀参与上海交通大学农业与生物学院召开的"农业与生物学院科研项目申报工作会议"，并开展题为"科研课题申请前的文献调研和前沿跟踪"的讲座；上海交通大学图书馆的语言媒体学科馆员汤莉华充分发挥了馆员在信息收集、资源获取方面的专长，为刘士林教授的研究课题《中国都市化进程报告》提供面对面的资源检索辅导服务，还为刘士林教授主编的《中国都市文化研究》主持"都市学术资讯"栏目并参与编撰。

（二）嵌入到日常教学活动中的服务

高校图书馆是学生的第二课堂，除提供信息资源外，为学生提供信息素养教育、提高学生的阅读兴趣与技能也是其应有的职能之一。因此，图书馆除向科研团队等提供嵌入科研过程的服务之外，将服务嵌入到日常教学活动之中也是其嵌入式服务的一大主要组成部分。国内高校图书馆嵌入到日常教学活动之中的服务，主要是以图书馆员作为教学助手嵌入到用户课堂或者嵌入到网络教学平台（如 Blackboard、Web CT 等），有机地将信息素养与专业课程结合起来，把信息检索技能、信息意识和信息道德都融入专业课程教学内容，通过专业教师与图书馆员的协作使学生掌握专业课程的基本知识，培养学生的基本信息素养，增强学生的自学能力和科研创新能力。例如，自 2008 年起，上海交通大学图书馆与国家级教学名师王如竹教授倾力合作推出嵌入式新生研讨课《可再生能源的高效转化与利用》。在嵌入式新生研讨课基础上，王如竹教授与图书馆合作申报的《新生研讨课的嵌入式教学和考核新模式探讨》项目获批为 2010 年上海交通大学本科教学改革项目；重庆工学院图书馆与该校汽车学院合作，将信息素养教育融入《互换性及测量技术》课程的教学和实践。图书馆员负责拟定信息素养课程教学策略、教学大纲，收集大学生实习主题的相关信息，对《互换性及测量技术》课程学习前后大学生信息素养能力进行测试和分析，根据测试分析结果为学科教学和信息素养教学提供改进的参考建议。

（三）嵌入到日常学习和生活中的服务

现代信息技术的发展与泛在知识环境的进一步深化，使得人们的信息需求、信息获取都发生了巨大的变化，各种信息服务机构无处不在、无时不有的服务对作为传统社会信息中心的图书馆提出了一定的挑战。为了应对这一挑战，图书馆通过流动图书车、24 小时自动借还机来扩充物理服务空间；通过移动图书馆、数字图书馆来延伸网络服务空间；还通过 Web2.0 技术、工具条开发技术嵌入到社交网络、用户计算机桌面、浏览器、手机等移动终端来实现用户日常学习、生活的嵌入式服务。如清华大学图书馆研发了"The Library"工具条、北京大学图书馆研发了"LIBX"工具条等嵌入到用户的浏览器之中。

（四）嵌入到政府与社会组织中的服务

高校图书馆作为高校的文献信息中心，拥有丰富的专业资源，同时，图书馆员不仅具有信息检索、信息组织等专业服务素养，更是由于近年来高校图书馆在学科服务方面的开展与积累，使得图书馆员还具有较为深厚的专业学科知识，具有一般机构信息服务人员难以比拟的优势，因而高校图书馆在专业领域的信息服务方面还具有一定的人才优势。随着高校图书馆面向社会开放的推进，高校图书馆不仅将文献资源、学习空间面向社会开放，还结合阵地进行服务，开展了诸如社会阅读推广这一类的社会活动与服务，面向社会、企业、科研单位的嵌入式服务就是其中之一。高校图书馆面向社会提供的嵌入式服务主要是针对用户的需求，提供专题报告，如2009年清华大学图书馆的四位学科馆员和该校的几名博士研究生合作，为北京某科研单位太阳能新材料技术研究提供月度简报和发展态势研究报告。

三、高校图书馆嵌入式服务发展趋势

（一）服务更注重用户体验，服务呈现立体化、常态化趋势

通过嵌入式服务，学科馆员将用户可能需要的信息知识推送到用户的科研、学习与生活之中。由此可以看出，用户的信息知识获取是在学科馆员根据用户的科研项目、学科背景、选题领域等分析基础上的信息推送、素养培养，对用户来说是一种被动的信息接收过程。毫无疑问，这类针对性与专业性强、信息丰富的信息知识，对于用户来说是非常有价值的，但由于用户的信息接收途径、时间等个体喜好的差异，图书馆就会完全按照自己的服务模式，去向用户提供已经设定了服务模式的数据产品，用户的体验感受无法在服务中得到体现与反馈，这与越来越强调用户体验的图书馆服务理念是相悖的。因此，可以预见，在嵌入式服务的经验与模式已达到一定积累和成熟的未来，注重用户体验的嵌入式服务将是图书馆服务发展趋势之一。而且随着大数据时代用户的要求更加趋向于差异化、知识化、学科化方向发展，图书馆的嵌入式服务将呈现一种立体化与常态化发展趋势，从而能够实现在知识环境下的任何时间、任何地点、

任何方式获取所需信息。

（二）技术在服务中将发挥更大的作用

技术的产生、发展、运用总能推动着社会的进步，图书馆一直是善于运用信息技术的社会机构，从20世纪70年代的MARC到20世纪末的元数据，再到21世纪初的云计算、大数据，图书馆总能在探索中找到将它们应用于读者服务之中的方式、途径，并且每一种新技术的出现都能促使图书馆升级服务的模式。对嵌入式服务来说，现在已有了从最早的将学科馆员嵌入到科研团队、教师课堂等环境之中来为其提供相应的信息知识，到后来的通过工具将其嵌入到用户的桌面、浏览器、社交网络等以通过用户的信息定制、互动会话来实现信息的嵌入推送服务。大数据时代的到来推动技术在嵌入式服务中起到越来越大的作用，基于信息数据分析、数据挖掘、知识发现的大数据技术将应用到用户的服务之中，以通过分析、挖掘丰富的用户信息行为等数据来实现对用户可能需要知识的深层揭示与提供。

大数据时代的到来，数据的类型将更加多样，数据的数量将更加庞大，对数据和真相的分析与认识需要管理平台和技术的保障，因而在知识环境下进行所需信息的查找变得更加困难，图书馆需要对服务的内容、对象和手段进行改革，通过系统集成、服务集成、团队工作等多种方式，采用开放式的服务模式，协调和利用各种技术、知识、资源和人员，融入用户工作学习和生活的物理空间、虚拟空间、组织机构和社会网络，嵌入到用户教育、科学研究和决策过程，提供一种到身边、到桌面、随时随地的主动服务。

第六节 互联网背景下高校图书馆阅读推广

图书馆学界著名学者范并思认为，高校图书馆应该将阅读推广作为图书馆发展的核心领域。通过推动大学生阅读，培养大学生良好的阅读习惯，帮助大学生树立正确的世界观、价值观、人生观，建立健全人格和品质。在高校图书馆阅读推广中，如果能充分发挥利益相关者的作用，将会使整个阅读推广体系变得更健全、更丰富、更有效。

一、高校图书馆用户分析

高校可以被视作一个利益相关者组织，作为高校的一个子组织，高校图书馆也是一个利益相关者组织。高校图书馆的利益相关者是指那些对高校图书馆的运作和发展产生影响的组织或个人。高校图书馆利益相关者由读者、图书馆员工、管理部门、学校其他部门、资源商、其他图书馆、社会捐助方、媒体、其他相关机构等组成。这些利益相关者可以分为直接相关层、兄弟伙伴层、资助层、其他层共四层。

直接相关层，包括直接与图书馆日常事务相关的读者、员工、资源商和管理部门。读者对图书馆的使用状况直接决定了图书馆的资源建设方向和发展目标，所以，读者是图书馆核心的利益相关者。虽然目前读者能够直接参与到的图书馆管理的途径较少，但是读者参与图书馆管理之中非常有必要。图书馆员工包括图书馆各个部门的工作人员，图书馆员工是图书馆建设和服务的主体，在大数据环境下，图书馆员工更应该具有连接信息资源和读者的能力。资源商是指为图书馆提供纸质资源、电子资源等资源的出版社、杂志社、电子数据商等，这些资源商提供资源的种类和数量直接决定着读者能从图书馆获得知识和信息的广度和宽度。管理部门是高校中管理图书馆工作的部门，包括财务、基建等部门，这些部门直接决定着图书馆的位置、大小，图书馆每年能够购买资源的资金等，从而决定了图书馆能够为读者服务的便捷性、舒适性以及图书馆资源的全面性和实效性。

兄弟伙伴层包括学校其他部门和其他图书馆等，学校其他部门是指与图书馆工作不直接相关的部门，这些部门虽然不直接决定图书馆的各项资源，但是可以与图书馆进行相关合作,如共同举办学生活动,来提高图书馆的利用率。其他图书馆则指其他院校图书馆和公共图书馆等,通过与兄弟图书馆的合作,共享资源和服务,能够为图书馆的发展提供一定的支持和帮助。

资助层是指为图书馆提供资助和捐助的集体或个人,资助方为图书馆提供资金或者实物捐助,能够有效地弥补高校图书馆在财政方面的不足。

其他层则是指与图书馆工作相关的其他集体或个人,包括媒体等相关机构。

二、国内高校图书馆阅读推广活动

国内高校图书馆开展了各种各样的阅读推广活动和读书项目,这些活动主要集中在图书馆主导的一些传统的服务项目上,其中包括讲座、刊物出版、阅读活动等。

1. 新书/好书推广赏析讲座

许多高校图书馆都开展了新书/好书推广、推荐和赏析的讲座,为读者提供新书资讯。有些高校图书馆会不定期开展相关讲座,邀请图书作者或专家为读者介绍和鉴赏好书。有些高校图书馆还会通过这种方式推荐一些好的影视作品。

2. 导读刊物

不少高校图书馆编制了导读刊物,通过刊物,图书馆工作人员与读者、读者与读者进行交流。刊物内容不仅仅局限于好书推荐、发表读后感,还可以分享经典小故事和原创文章等。

3. 特色阅读活动

高校图书馆能够根据自己学校和地域特色,开展特色阅读活动,如根据阅读内容定的"红色阅读",集中推广爱国爱党书籍;根据阅读对象定的"亲子阅读",主要鼓励教职工与孩子实现共同阅读;根据时间定的"睡前半小时阅读",

主要倡导读者每天有一定的时间阅读。

4.阅读日／阅读月活动

高校图书馆在特定的时间开展阅读日或者阅读月的活动,如利用4月23日世界阅读日等时间契机,开展有关读书文化系列活动,引导图书馆读者以书为友,养成良好的自主读书习惯。

5.结合网络技术的阅读推广活动

许多高校图书馆通过开设图书馆微博、微信公众号等,在网上为图书馆用户推广图书阅读。此外,有些高校甚至还开发了移动图书馆,为读者在手机等移动便携终端提供电子阅读服务。

三、高校图书馆阅读推广策略

目前,大数据环境下的高校图书馆阅读推广活动不应仅限于图书馆。除了图书馆本身,其他的利益相关者包括资源商、兄弟部门等也都是阅读推广的受益者。因此,高校图书馆在开展阅读推广时,应该与利益相关者进行一定的合作,或者直接由高校图书馆的利益相关者牵头开展一系列阅读推广活动。

(一)直接相关层阅读推广活动

1.读者开展的阅读推广活动

读者是高校图书馆开展阅读推广的实施对象,读者需要在所有阅读推广活动中扮演受众的角色,除此之外,读者也可以发挥自身能动性,主动去参与阅读推广相关活动。读者可以在各类阅读推广活动中承担志愿者的角色,利用目前的大数据环境,在各个平台上积极参与阅读推广的活动;也可以帮助进行口碑影响,在读者之间宣传阅读推广。图书馆还应该鼓励用户自创阅读推广活动,发挥用户的聪明才智为用户提供展示自己的平台。

2.图书馆员工开展的阅读推广活动

图书馆员工是高校阅读推广的主体,除保持现有的、常规的阅读推广活动外,高校图书馆员工应该加强相互之间交流和学习,开展更加丰富多彩的阅读推广活动。其主要措施可以分为硬件和软件两个方面:硬件方面,高校图书馆员工应该为图书馆用户提供良好的阅读环境,包括富有文化气息的桌椅书架、先进便捷的阅读设备、温馨的装修装饰等;软件方面,高校图书馆员工应广泛开展各种阅读推广活动,如针对特定的节假日开展主题阅读活动,在端午节举行屈原作品品鉴会、国庆节举行爱国作品茶话会等活动。

3.资源商开展的阅读推广活动

高校图书馆的资源商可以对图书馆阅读推广活动给予一定的资金支持,为其他活动提供奖品等。资源商也可以作为活动的主办方,开展一些阅读推广活动。例如,超星等电子资源提供商可以开展读书大赛,鼓励高校大学生阅读电子书,并根据大学生阅读的数量进行评比和奖励;CNKI可以根据其收集的用户使用大数据进行用户行为分析,从而为用户推送具有针对性的资料;新华书店等纸质书商可以在校园里开展签售会、读后感征文比赛等,鼓励大学生去阅读。

(二)兄弟伙伴层阅读推广活动

1.高校其他部门开展的阅读推广活动

高校里的其他部门包括各院系、各职能部门等,这些部门除了可以帮助图书馆协办阅读推广活动外,还可以主办一些阅读推广活动。例如,团委可以结合文化活动打造阅读推广品牌活动,让全校师生感受到丰富的书香文化;院系可以举办某一学科的图书阅读月,在这一个月大力推荐与该学科相关的名著,帮助学生提高相关专业素养。

2. 其他图书馆开展的阅读推广活动

其他图书馆包括其他院校图书馆、公共图书馆、各种机构图书馆等。其他图书馆在高校开展阅读推广活动，可以提高该图书馆的图书利用率和该机构的知名度。例如，公共图书馆可以针对高校师生开展无押金办理借书卡服务，鼓励高校师生到公共图书馆进行阅读和使用，这样可以帮助高校图书馆补充资源的不足，也使得公共图书馆能发挥更大作用。

（三）资助层阅读推广活动

资助层除了在图书馆开展阅读推广活动方面进行资助之外，还可以开展以资助方命名的阅读推广活动。例如，一些知名人士为高校师生免费发放名人传记，鼓励高校图书馆用户学习名人精神和力量，同时也可以提高资助方的知名度。

（四）其他层阅读推广活动

其他层包括媒体、社区等各种与高校图书馆有关的群体。这些群体既是高校图书馆的利益相关者，又是高校图书馆阅读推广的参与者和受益者。媒体可以利用高校图书馆阅读推广活动开展宣传，也可以在高校图书馆用户中推广自己的媒体产品。社区可以与高校图书馆结合，倡导社区居民与高校师生一起实现共享阅读，也可以邀请高校图书馆员工、用户参与到社区图书馆建设和文化氛围塑造中，打造学习型、阅读型社区。

参考文献

[1] 陈进, 顾萍, 郭晶. 高校图书馆服务创新案例精编[M]. 北京: 海洋出版社, 2015.

[2] 上海图书馆. 管理创新与图书馆服务: 上海国际图书馆论坛论文集[M]. 上海: 上海科学技术文献出版社, 2006.

[3] 洪修平. 图书馆服务创新理论与实践[M]. 南京: 南京大学出版社, 2012.

[4] 陈华, 王靖. 高校发展与图书馆服务创新[M]. 武汉: 武汉出版社, 2007.

[5] 高凡, 赵颖梅. 大学图书馆服务创新与理念创新[M]. 成都: 西南交通大学出版社, 2008.

[6] 王世伟. 图书馆服务创新与发展论丛[M]. 上海: 上海社会科学院出版社, 2005.

[7] 刘广明. 信息时代大学图书馆读者服务工作理论与实践[M]. 北京: 北京图书馆出版社, 2004.

[8] 李嘉琪. 高校图书馆读者服务拓展与创新[J]. 世纪之星: 交流版, 2021(7):89-90.

[9] 叶阿娜. 高校图书馆读者服务创新与实践——以泉州师范学院俊秀图书馆为例[J]. 福建图书馆理论与实践, 2016, 37(1):3.

[10] 吴咏梅. 财经高校图书馆读者服务的拓展与创新[J]. 贵图学苑, 2017(1):01-030.

[11] 滕卫霞.西部地区高校图书馆读者服务的拓展与创新——以贵州财经大学图书馆为例[J].知识经济,2017,(001):157-158.

[12] 袁声莉,徐玲.新媒体视域下的高校图书馆信息服务——评《高校图书馆读者服务工作拓展与创新》[J].中国教育学刊,2021(6):1.

[13] 张淑瑛,那艳.网络环境下图书馆读者服务的提高与创新[J].知识经济,2016(15):1.

[14] 郑金婷.网络环境下图书馆读者服务的变革与创新[J].安阳师范学院学报,2003(1):33.

[15] 房华.论高校数字图书馆读者服务工作的创新与发展——以西南林业大学图书馆为例[J].现代交际,2016(4):07-065.

[16] 刘艳兰.基于读者知识的图书馆读者服务创新[J].科技情报开发与经济,2015(15):95-97.

[17] 周俊.公共图书馆读者服务的创新与发展[J].华章,2014(23):68-69.

[18] 陶书志.网络环境下高校图书馆读者服务的创新[C]//图书情报工作杂志社、图书情报工作研究会第24次图书馆学情报学学术研讨会.[2023-09-09].

[19] 李英女.论高校图书馆读者服务与创新[J].科学时代,2011(1):3.

[20] 李枞.大学图书馆读者服务工作与创新[J].科技情报开发与经济,2005,(07):7.

[21] 白红丽.新环境下民族高校图书馆读者服务创新与实践——以云南民族大学图书馆为例[J].新丝路(下旬刊),2017(3):118-119.

[22] 肖秋红.论数字化时代高校图书馆读者服务和谐创新[J].情报探索,2006,(010):113-114.